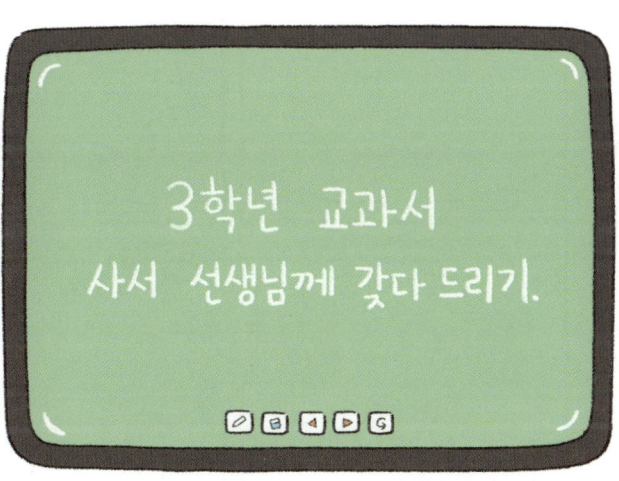

잔소리 탈출 연구소 ③

윤선아 글 * 김잔디 그림

문해력 재미를 잡아라

응? 뭐?
그게 무슨 말이야?

어크로스
주니어

어흑! 점점 더 길어지는 아빠의 잔소리를 피해 얼른 등교했다. 어제 일이 떠올라 교실로 바로 가기 싫었다. 운동장 한 구석, 커다란 왕벚나무 아래 벤치에 앉았다.

"히! 문해력이 뭐지? 아아, 진짜 창피해. 전학 온 첫날, 선생님께 문해력 없는 애로 찍히고, 애들한테 웃음거리가 되다니. 아빠 잔소리도 진짜 듣기 싫고! 짜증 나."

그때였다. 툭! 머리 위로 따뜻하고 축축한 것이 떨어졌다.

"이게 뭐지? 으악! 새똥이잖아! 으으으, 난 운도 없어! 오늘 같은 날 새똥을 맞다니!"

어디서 떨어졌나 왕벚나무 위를 쳐다보는데, 이상한 간판과 문이 보였다.

차례

프롤로그 제발 책 좀 읽어! ··················· 4

1 문해력이 뭐야? ··················· 12
   리리의 문해력 연구실 1 문해력이란?

2 문해력이 그렇게 중요해? ··················· 20
   리리의 문해력 연구실 2 문해력이 왜 중요하냐고?

3 읽는다는 건 즐거운 일 ··················· 36
   리리의 문해력 연구실 3 일단 읽기! 읽기가 기본이야

4 좋은 책은 좋은 친구 ··················· 52
   리리의 문해력 연구실 4 무엇보다도 책 읽기가 중요해!

5 국어사전은 보물 창고 ··················· 70
   리리의 문해력 연구실 5 어휘는 힘이 세!

6 쓴다는 것은 생각한다는 것 ······ 90
　　리리의 문해력 연구실 6 읽기 친구 쓰기, 쓰는 힘 키우기

7 약속을 지키자 ······ 108
　　리리의 문해력 연구실 7 문법은 지켜야 할 약속

8 나를 만나자! ······ 124
　　리리의 문해력 연구실 8 글쓰기는 즐거워!

에필로그 드디어 받은 상장 ······ 144
작가의 말 문해력의 재미를 알아가는 멋진 친구들에게 ······ 146

잔소리탈출연구소 ❸ 등장인물

모영문
말을 잘 못 알아들어 "모?" 하는 표정을 지을 때가 많은 4학년 여자아이. 혼잣말하는 버릇이 있고 가끔 마음의 소리가 밖으로 튀어나올 때도 있다. 멍 때리기, 빵이나 달걀 요리 영상 보면서 시간 때우기가 유일한 취미. 책은 물론 글자도 쳐다보기 싫어한다.

모정석 모영문의 아빠. 중학교 수학 선생님이자 교육 방송에서 강의도 하는 유명 강사. '영문 모르는 영문이'라며 딸의 문해력을 걱정한다. 마음에 없는 말을 전혀 못 하고 직설적이라 영문이의 가슴을 콕콕 찌를 때가 있다.

진달래 모영문의 엄마. 제빵사로 모모베이커리 운영 중. 달콤하고 고소한 빵을 만드는 데 자부심이 있다. 영문이가 잘 먹고 건강한 게 최고라고 여긴다.

연구소 비밀 요원 리리
잔소리탈출연구소에서 오랫동안 '문해력'을 연구해 온 비밀 요원.
어린이들이 들려주는 이야기를 아주 즐거워한다. 문해력이 낮아 곤란해진
어린이가 간절하게 사정을 이야기하면 신비한 선물을 주며 도와준다.

오해인 논리적이고 똑똑한 여자아이.
장래 희망이 법조인이다. 잘잘못을
정확히 가리려고 해 까칠해 보이지만
공정하고 의리 있는 친구.

천재훈 잘생긴 얼굴에 목소리도 좋고,
공부도 잘하는 영문이네 반 반장.
책을 좋아하고 뭐든 메모하는 습관이
있다. 영문이를 유머 있는 아이라고
오해해 멋있다고 여긴다.

구민탁 축구, 야구, 농구, 배구는 물론
배드민턴과 탁구도 잘하는 운동 소년.
그러나 책 읽기는 싫어해 모영문에게
묘하게 공감하며 관심을 보인다.

1 문해력이 뭐야?

"운이 없다니! 천민에, 너는 운이 아주 좋아."
어? 뭐지? 나무 위에서 말하는 소리에 깜짝 놀랐다.
"안 들어올 거야?"
나는 삐거덕 문을 열었다. 쿵쾅쿵쾅 심장이 두근거렸다. 연구소 안으로 들어가니, 마치 앉으라는 듯 나무 의자가 하나 있었다. 살그머니 앉자 '슈웅' 하고 올라가기 시작했다.
"엄마야! 나 정말 창피해서 죽은 건가? 하늘나라로 올라가는 거야?"

곧 의자가 삐거덕거리면서 멈췄다.

포르르르 푸드덕. 새똥의 주인이 눈앞에 나타났다.

"안녕? 반가워. 나는 리리라고 해."

"나한테 말하는 거야? 와, 이렇게 말 잘하는 앵무새는 처음 봐!"

"흠흠. 떽! 앵무새라니. 엄연히 이름이 있어."

"엄연희가 네 이름이야?"

"아, 역시! 너한테 내 똥이 꼭 필요할 줄 알았지."

"그러니까 아무튼 내 머리에 똥 싼 게 너란 말이지? 우선 이것 좀 닦게 해 줄래?"

리리는 휴지를 건네며 말했다.

"내 똥은 다른 새똥이랑 달라. 아무나 맞을 수 있는 게 아니야."

"누가 맞는 건데?"

"선택받은 아이만 맞을 수 있는 신비한 똥! 굉장한 행운이자 선물, 아주 오래된 사랑이지!"

"무슨 소리야? 뭔가, 느낌이 지저분하면서 동시에 오글거리는데?"

"내 똥을 맞기 전과 후는 천지 차이야. 하늘과 땅 사이만큼이나 다르다고. 하여튼, 음, 내 똥을 맞아야만 이 연구소

간판과 문이 보인단다. 그러니까 내 똥은 여기로 올라오는 입장권과도 같지."

"여기가 뭐 하는 곳인데?"

"잔소리탈출연구소. 아주아주 오랫동안 어린이들의 즐겁고 편안한 일상생활을 위해 다양한 연구를 하고 있는 곳이야. 그중에서도 나는 문해력이 절실한 어린이들을 위해 특별한 연구를 하고 있지."

"뭐? 문해력? 아악! 여기도 문해력이라니! 난 문해력이 싫어!"

"문해력이 뭔지는 알고 싫어하는 거야?"

"몰라! 모르니까 싫은 거지! 나한테 부족한 게 바로 그 문해력이라잖아."

"그러니까 넌 운이 아주 좋아. 아까 네가 벤치에서 혼잣말하는 걸 내가 딱 들었거든. 그래서 내 똥을 특별히 내려 준 거야. 자, 잔소리탈출연구소의 문해력 비밀 요원, 리리의 연구실에 온 걸 환영해!"

리리의 문해력 연구실 1

문해력이란?

> "문해력이란 글을 통해
> 다른 사람들과
> 의사소통하는 능력이야."
>
> 문해력=독해력+작문력

글을 읽고 이해하는 힘을 독해력, 글로 써서 표현하는 힘을 작문력이라고 해. 문해력이 높다는 것은, 독해와 작문, 둘 다 잘한다는 뜻이야.

헉, 쓰기까지? 문해력은 읽기만 잘하면 되는 줄 알았는데….

먼저 **독해력**은  **해독**과 **이해**,
두 과정으로 나누어 볼 수 있어.

해독은
글자 읽기야.
눈으로 글자를 보고
머릿속에 소리를 떠올리고
입으로 발음하기까지.
문해력의
가장 기초 단계야.

이해는
글 전체에
담긴 뜻을 아는 거야.
머릿속으로 상황을 그리고,
그 글을 왜 썼는지,
글의 앞뒤가 어떻게
연결되는지도 아는 거야.

나무가 바람에~

글에 숨겨진 뜻을 미루어 짐작하는 **추론**, '왜 이렇게 썼을까? 다르게 볼 수는 없을까?' 깊고 넓게 생각하는 **비판적 사고까지 모두 독해력**이야.

각각 다른 자료나 글을 읽고 공통점이나 차이점 찾아내기, 여러 정보를 합쳐 새로운 의미 찾기, 책을 읽고 다른 책, 혹은 실제 경험과 연결하기도 모두 독해력과 관련된 능력이야.

글 읽기, 생각하기가 다 문해력이구나!

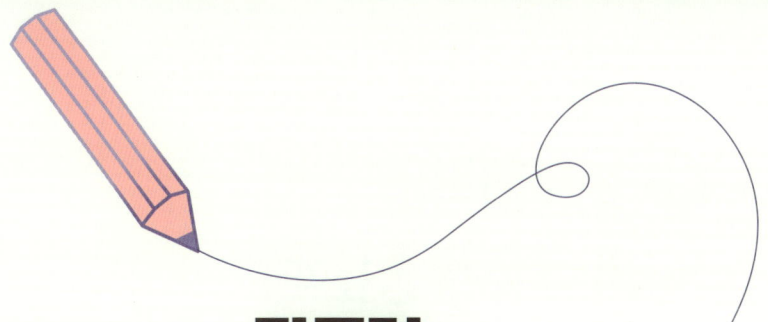

거기다 **작문력**까지!
말과 글로 표현하는 능력도
문해력에 포함돼.
다른 사람에게 설명하거나,
요약·정리할 수 있고,
내 느낌이나 의견을 덧붙여
새롭게 표현하는 작문력도 문해력이야.

힝~ 들을수록 문해력이랑은
친해질 수 없을 것 같아.

노노, 걱정은 넣어 둬.
비밀 요원 리리와 함께라면
문해력 키우기, 문제없어!

2 문해력이 그렇게 중요해?

"자, 이제 네 얘기를 들려줘. 문해력 때문에 선생님께 찍혔다고? 웃음거리는 무슨 일이고, 아빠 잔소리는 또 뭐야?"

리리가 눈빛을 반짝이며 고개를 살짝 기울였다.

내 머릿속으로 수많은 일이 지나갔다. 전에도 이런 일이 종종 있었다. 내가 무슨 말을 하면 선생님과 아이들이 놀라거나 웃곤 했지. 3학년 담임 선생님도 말씀하셨다.

"영문이가 분명 한글은 다 아는데……. 이상한 일이야."

나는 그런 일을 겪을 때마다 말수가 줄었다. 말 안 하고 있으면 중간은 가니까. 그래도 전학 온 새 학교에서 맞이한 4학년 때는 좀 달라지려고 했는데…….

나는 숨을 크게 들이마시고 리리에게 말했다.

"문해력 때문에 듣는 잔소리가 지긋지긋해. 게다가 학교에서 상장도 하나 반드시 받아야 해!"

"무슨 상?"

"뭐든 하나는 꼭 받아서 엄마 아빠에게 나도 상을 받을 수 있다는 걸 보여 줄 거야."

"왜 그래야 하는데?"

"무너진 내 자존심을 세우고, 또 우리 집의 평화를 지키기 위해서."

리리는 동그란 눈동자를 빛내며 또 고개를 갸웃했다.

나는 리리에게 지금까지 있었던 일을 털어놓았다.

—

"우리 집은 며칠 전에 이 동네로 이사를 왔어. 아빠가 수학 선생님인데 여기 중학교로 발령을 받으셨거든."

새로 이사 온 집 1층에는 엄마의 빵집, 모모베이커리도 함께 열었다. 엄마 아빠는 무척 바빴다. 내가 어릴 때부터 안 바빴던 적이 없었다. 하지만 아빠는 아무리 바빠도 나한테 잔소리하는 건 절대 잊지 않는다.

전학 온 문해초등학교에 처음 등교하기 전날, 아빠가 또 잔소리를 시작했다. 3학년 때도, 2학년 때도, 1학년 때도 똑같은 말이었다.

"영문아, 이제 진짜 공부 시작이야. 제발 책 좀 읽어. 책을 읽어야 공부도 잘할 수가 있어. 문해력을 키워야 한다고."

아빠가 그럴 때 나는 그냥 "네."라고 한다. 고개만 끄덕일 때도 있다. 그래아 잔소리가 빨리 끝날 것 같아서. 그런데 엄마가 아빠한테 쏘아붙였다.

"잔소리 좀 그만해! 걱정 마, 여보."

"어떻게 걱정을 안 해?"

"왜 애를 못 믿어?"

또 시작이다. 엄마 아빠는 나 때문에 늘 이런 식으로 말다툼을 한다.

"영문이가 책 한 권 안 읽는 건 정말 심각한 문제라고. 그리고 영문이가 언제 다른 집 애들처럼 상장이라도 하나 받아 온 적 있어?"

"상장? 그깟 종이 쪼가리가 뭐라고! 난 영문이가 건강하기만 하면 돼."

"그깟 종이 쪼가리? 상장을 받는다는 건 그만큼 노력했다는 뜻이야. 여러 사람에게 인정을 받은 자랑스러운 일이라고!"

난 그런 상황이 아주 익숙했지만, 그날은 시끄러운 말다툼을 얼른 끝내기 위해 끼어들고 말았다.

"아빠, 그럼 상장 하나 받아 오면 되죠?"

"네가? 아마 받기 힘들걸!"

내가 무슨 말만 하면 아니라고, 힘들 거라고 하는 아빠.

"4학년 땐 상장 하나 받아다 줄게요. 그럼 되는 거 아닌가?"

내가 이렇게 말하자 또 아빠가 중얼거렸다.

"도통 영문 모르는 모영문이 상장을 받아 오면 내 손에 장을 지진다."

나는 '손에 장을 지진다'는 말이 무슨 뜻인지 몰랐지만 아는 척 그냥 넘어갔다. 그런데 나중에 엄마에게 슬쩍 물어봤

다가 깜짝 놀랐다.

"어떤 걸 전혀 믿을 수가 없다는 뜻이야. 손에 불을 지펴 간장을 끓이겠다는 말인데, 그렇게 고통스러운 일을 하겠다고 장담할 만큼 그런 일이 일어날 리 없다고 확신한다는 뜻."

충격이었다. 아빠는 내가 절대로 상을 못 받을 거라고 생각하는 거다.

'왜지? 새 학교에서 새 마음으로 열심히 생활하면 하나쯤은 받을 수 있지 않을까?'

나는 그렇게 생각하며 새 학교에 갔다.

그런데 첫날부터 반에서 웃음거리가 됐다. '사서 선생님'이라는 말을 몰라서 교과서를 어디서 '사서' 오나 궁금해하다니! 새 담임 선생님께도 그 말을 듣고 말았다. 문해력을 키우라고!

―

"리리, 나 좀 도와줘. 문해력이 뭔데 날 이렇게 괴롭고 창피하게 만드는 거야? 나 꼭 상장도 하나 받아야 해. 안 그럼 우리 엄마 아빠는 계속 나 때문에 다툴 거고, 그러다가 심각해져 이혼이라도 하게 되면 어떡해?"

리리는 나를 빤히 바라보았다.

"흠, 상장이라……. 영문이 너는 무슨 과목을 잘해? 국어? 수학? 과학? 음악? 미술? 이런 과목들이랑 관련된 상이 있지 않니?"

"나 사실 학교 공부랑 안 친해. 자신 있는 과목이 전혀 없어."

"눈곱만큼도?"

"파리똥! 아니, 하루살이 똥만큼도!"

"하루살이는 똥 안 싸. 입이 없어서 먹는 것도 없거든."

"정말? 지금 내 기분이 꼭 하루살이랑 똑같네. 아무것도 먹고 싶지 않아."

"후, 총체적 난국이군. 상장에다 문해력 문제까지! 일단 영문이 네가 문해력이 부족한 것이 학교 공부가 어렵고 힘든 원인일 수 있어."

"뭐? 문해력이 그렇게 중요한 거야?"

"물론이지."

"그럼 난 망했네. 문해력이 없으니, 앞으로 영원히 뭘 잘할 방법이 없는 거잖아."

리리가 목소리를 가다듬고 말했다.

"흠흠, 그러니까 너는 운이 좋다고. 내가 널 여기로 초대했잖아. 문해력을 키울 방법이 나한테 있지!"

리리가 연구소를 둘러보라는 듯 날개를 활짝 펼치며 소개했다.

정신을 차리고 보니 거기는 아주 근사한, 마치 마법 학교 도서관 같은 곳이었다. 온갖 책들이 빼곡히 꽂혀 있고, 널따란 책상에는 신비한 기운이 느껴지는 두껍고 오래된 사전과 책들이 펼쳐져 있었다.

"여기서 나는 특히 문해력이 고민인 어린이를 돕고 있어. 그런 아이들의 이야기를 듣고 기록하며 연구하지. 사실 나는 아이들이 들려주는 이야기가 너무너무 좋아."

리리는 벽에 걸린 사진들도 보여 주었다. 여러 나라의 어린이들이 달걀 같은 걸 들고 웃고 있었다.

"얘들은 누구야?"

"네가 아는 사람이 있을까? 《정글북》을 지은 키플링, 《닐스의 모험》을 지은 라게를뢰프, 《파랑새》의 작가 마테를링크……."

"몰라."

"노벨 문학상 수상자들이야. 후후, 다들 어릴 때 나랑 인연이 좀 있지."

"저 달걀들은 뭐야?"

"쉿! 이건 아무도 모르는 비밀인데, 바로 리리에그야."

리리는 리리에그에 대해 설명했다.

"리리에그는 평범한 새알이 아니야. 문해력 문제를 해결해 주는 능력이 있지."

"무슨 영양제 같은 건가? 먹으면 없던 문해력이 저절로 막 생겨?"

"아니. 문해력을 단단하게 키울 수 있게 도와줘. 앞으로 문제가 생기면 여기로 와서 그 얘길 들려줘. 나는 문해력과 관련된 흥미진진한 이야기를 들으면 몸속에서 리리에그가 만들어지거든. 그걸 선물로 줄게."

"헉! 흥미진진? 난 이야기 같은 거 잘 못하는데……."

"난 너의 혼잣말을 듣고는 바로 똥을 떨어뜨려 초대했어. 그건 네 이야기에 뭔가 있다는 뜻이지."

"그게 뭔데?"

리리가 눈썹을 모으고 두 날개를 맞잡으며 진지하게 말했다.

"절실함! 너의 이야기에는 문해력을 갈구하는 절실함이 있어!"

"모? 문해력을 갈군다고? 나는 그런 적 없는데?"

"엇? 흠흠…… 뭐, 어쨌든 내가 주는 리리에그를 따뜻하게 감싸 줘면 메시지가 나타날 거야. 메시지를 읽고 그다음 리리에그 뚜껑을 열어서 속에 든 젤리를 입에 넣어. 눈을 감고 젤리를 천천히 꼭꼭 씹어 먹으면서 메시지가 무슨 뜻인지 잘 생각해."

"메시지가 마법의 주문 같은 거야? 그걸 읽으면 없던 문해력이 막 생겨?"

"눈을 뜨면, 문해력을 키울 시간과 기회가 다시 주어질 거야. 리리에그 메시지는 네가 어떻게 생각하고 행동하면 좋을지 깨닫도록 도와줘."

"우아! 굉장하다!"

"문해력 문제로 위기가 닥쳤을 때, 문해력이 너무 절실할 때 여기로 와서 네 이야기를 들려줘. 물론 리리에그를 받아서 방법을 찾는 건 너의 몫이야. 마음을 열고 깊이 생각하고 직접 행동해야 해. 그리고 명심해. 너에게 줄 수 있는 리리에그는 딱 여섯 개야. 하나씩 받는 동안 문해력을 키우기 위해 노력하면 여섯 개를 다 모은 뒤에는 달라진 너를 만날 수 있을 거야."

"여섯 개만? 내가 직접 행동해야 한다고? 힝……."

나는 갑자기 자신이 없어졌다. 어려운 일일 것 같았다.

하지만 해야만 한다. 문해력은 지금 나에게 반드시 필요하다. 문해력이 없으면 상장 하나 받기도 어렵다니! 문해력이 그렇게 대단하고 중요한 것인지 나는 전혀 몰랐다.

리리의 문해력 연구실 2

문해력이 왜 중요하냐고?

학생에게 문해력은 반드시 길러야 할 능력이야. 문해력은 공부 자신감을 키워 주는 **강력한 학습 도구**거든.

```
문해력이 높다.
    ↓
        교과서와 수업 내용,
        선생님 설명을 잘 이해한다.
수업이 재미있다.
    ↓
        수업 태도가 좋아진다.
열심히 공부해서 성적이 오른다.
        공부를 잘하게 된다.
```

문해력이 높으면 국어를 잘하겠지, 모.

국어만? 그렇지 않아. 여기 수학 문제 좀 봐. 정확하게 읽고 제대로 이해해야 풀 수 있다고.

수학 - 도형 문제

원 위에 일정한 간격으로 점 여섯 개를 찍었다. 세 점을 연결해 만들 수 있는 예각 삼각형과 둔각 삼각형의 개수를 모두 구하시오.

예각?

일정 간격?

둔각?

문해력을 키우면 국어뿐만 아니라 수학, 과학, 사회 같은 다른 과목도 재미있어질 거야.

어른이 되어서도 문해력은 중요해. **사회 구성원**으로서 무슨 일을 하든지 문서나 이메일을 읽고, 쓰고, 의견을 듣고, 말하며 **함께 일하는 사람들과 의사소통**해야 하거든.

○○기업 홍길동 대리의 하루

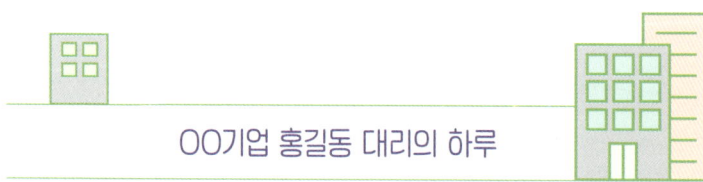

9:00   뉴스, 자료 분석 ⟶ 읽기

10:00   업무 회의 ⟶ 듣기, 말하기

11:00   보고서 쓰기 ⟶ 쓰기

2:00   제안서 발표 ⟶ 쓰기, 말하기

4:00   거래처 연락(전화, 이메일) ⟶ 말하기, 쓰기

5:00   기안, 회계 처리 ⟶ 쓰기

회사에서 하는 일이 읽기, 듣기, 말하기, 쓰기네?

문해력은 일 잘하는 사회인의 필수 조건이지!

문해력은 **인간답게 살기 위한 힘**이 되기도 해. 역사적으로 차별받고 인권을 보장받지 못한 사람들은 '문해력을 기를 기회'도 얻지 못해 불이익을 당하는 경우가 많았지.
세종 대왕이 한글을 창제한 까닭도 한문을 모르는 백성들에게 글을 쉽게 익혀 배울 기회를 주기 위해서였어.

1964년 미국은 흑인도 투표할 수 있게 됐지만, 지역에 따라 문해력 테스트를 핑계 삼아 투표를 금지하는 곳도 있었어.

조선 시대에는 남자아이들만 공부하러 서당에 다녔어. 관직을 얻기 위한 과거 시험도 남자만 볼 수 있었어.

문해력을 키우면 일상에서 만족감도 더 커져. 다양하고 풍부한 감정을 마음껏 느끼고 제대로 표현할 수 있거든. 문해력은 행복한 생활과도 관련이 깊다는 말씀!

3 읽는다는 건 즐거운 일

온종일 가슴이 두근거렸다. 문해력 잔소리에서 탈출할 수 있다니! 비밀 요원 리리와 리리에그를 알게 되다니!

하굣길에 마음을 좀 진정시키려고 운동장 벤치에 앉았다. '하!' 숨을 내쉬며 하늘을 보았다. 바람이 한 줄기 지나갔다.

운동장 저편에서부터 천재훈이 달려오더니 숨을 헉헉거리며 내 앞에 딱 섰다. 천재훈은 우리 반 반장이다. 꼭 엄친아 같은 인상에 공부도 잘하고 인기가 많은 것 같았다. 그런데 왜 이렇게 뛰어온 거지? 뭐 급한 일인가?

"모영문! 이것 좀 읽어 봐."

재훈이가 뭔가 적힌 종이를 내밀었다.

내가 말했다.

"모? 싫어! 난 뭐든 읽는 건 질색이야."

재훈이가 말했다.

"그렇게 길지 않아."

"싫다고. 안 볼래."

"좀 읽어 봐."

"싫다니까 왜 그래?"

"아까 들었어. 너, 상장 꼭 받고 싶다며."

아침에 리리를 만나고 나서, 어떻게 하면 상장 하나 받을 수 있을까, 리리 말대로 문해력을 키워야 하나 내내 생각하다 새어 나온 혼잣말을 재훈이가 들었나 보다.

"이게 방법이 될 것 같아서. 독후감!"

"독후감? 그런 거 나는 관심 없어. 책 안 읽어."

독후감은 책을 읽고 글을 써야 하는데, '난 책도 거의 안 읽는데, 어떻게 책을 읽고 글까지 써?' 나는 그런 생각을 하고 있었다.

"책을 안 읽는다고? 어제 너 말하는 게 꽤 위트가 있어서 책 많이 읽고 좋아하는 줄 알았는데……."

"위트가 뭐야? 난 그런 거 안 키우는데."

"사서 선생님! 우리 반 애들이 너의 고급 유머를 몰라본 거잖아. 난 진짜 웃겼는데. 난 좀 진지한 편이라 유머 있고 여유 있는 모습이 보기 좋더라. 너라면 글도 잘 쓸 것 같아."

천재훈이 나를 보고 미소 지었다. 뭐지? 기분이 묘했다.

그래도 독후감은 아니었다. 나한테는 불가능이다.

"싫어. 난 책 안 읽어. 뭐든 읽는 건 질색이야. 싫다고."

재훈이가 건네주는 종이를 안 받겠다고 실랑이를 벌이는데, 퓌웅! 어디선가 축구공이 날아왔다! 내 얼굴로 떨어지나 했는데, 천재훈이 내 앞에서 축구공을 막아 주었다. 퍽!

나는 벌떡 일어섰다.

"앗! 천재훈!"

축구공은 바닥에 떨어져서 굴렀고, 재훈이는 공에 맞아 얼얼한 얼굴을 문지르고 있었다. 재훈이 코에서 빨간 코피가 주르륵 흘렀다. 이런!

그때 한 남자애가 달려와 축구공을 집어 들었다.

"엇, 미안해! 천재훈, 괜찮아?"

재훈이는 가방에서 휴지를 꺼내어 코피를 막았다.

그 애가 나를 돌아보며 말했다.

"전학생이네? 모영문 맞지? 나도 같은 반이야. 구민탁. 그런데 너 3학년 교과서는 샀어?"

이런! 나는 또 한 번 창피함이 몰려왔다.

그때 재훈이가 말했다.

"영문이 네가 좋은 기회라고 기뻐할 줄 알았는데……."

그러고는 돌아서 가 버렸다.

구민탁이 축구공을 무릎으로 튕기며 나에게 물었다.

"뭐냐? 천재훈이랑 무슨 얘기했어?"

나는 천재훈이 돌아서 가는 걸 지켜보느라 대답을 하는 둥 마는 둥 했다.

"모, 그냥……."

"쳇!"

민탁이도 돌아서서 축구공을 발로 차며 멀어져 갔다.

나는 다시 벤치에 혼자 남았다.

'하, 천재훈은 나를 생각해서 도와주려고 온 것 같은데……. 상장을 받을 좋은 기회라고? 뭔지 잠깐 보기라도 할걸!'

나는 읽는 게 왜 이렇게 싫은지 정말 모르겠다.

"아, 그렇지! 리리에그!"

나는 바로 리리를 만나러 잔소리탈출연구소로 갔다.

리리는 지푸라기로 가득한 푹신한 방석에 자리를 잡고 앉았다.

"자, 이야기해 봐. 나 들을 준비됐어!"

나는 속상한 심정을 담아 조금 전에 있었던 일을 털어놓았다.

"아니, 읽는 건 딱 질색인데 자꾸 읽어 보라 그러고, 또 나는 절대 책 같은 건 안 읽는데 독후감이라니까……. 아아, 그래도 그러지 말걸. 상장을 받을 기회라고도 했는데……. 그게 뭐였을까? 뭐든 읽기 싫어하는 거, 이것도 문해력 문제지? 나 좀 도와줘. 리리에그가 필요해."

"흠, 리리에그를 받으면 이제 너도 달라져야 해. 문해력을 키우기 위해 네 생각도, 행동도 스스로 바꾸려는 노력이 필요하다고."

"그럼! 당연하지!"

비밀 요원 리리가 천천히 방석에서 일어섰다. 가느다란 리리의 다리 옆에 연노란색 알이 보였다.

"리리에그! 이거구나! 와, 신기해!"

리리가 가져가도 된다는 듯 고갯짓을 했다. 나는 소중한 보석처럼 리리에그를 두 손으로 따뜻하게 감쌌다.

"리리에그에 메시지가 나타나면 소리 내어 읽어. 그런 다음 뚜껑을 열어서 속에 든 젤리를 먹어."

나는 리리에그에 서서히 생겨난 글을 읽어 보았다.

 이제 젤리를 꺼내 입에 넣고 눈을 감았다. 새콤한 레몬 맛 젤리를 오물오물 먹으며 생각했다.

 '정말일까? 뭔가 읽으려고만 하면 속이 답답하고, 막 벌레가 기어가는 것처럼 몸이 근질근질한데······.'

 리리가 속삭였다.

 "자, 이제 문해력을 키울 기회야! 리리에그 메시지가 도움을 줄 거야. 어떻게 하면 좋을지 잘 생각해."

―

나는 눈을 떴다.

저기서 재훈이가 달려오고 있었다. 재훈이 손에는 돌돌 말린 종이가 들려 있었다.

'앗! 이때로 돌아왔구나! 정신 똑바로 차려야지. 기회를 놓칠 순 없어!'

"모영문! 이것 좀 읽어 봐."

재훈이가 종이를 내밀었다. 읽는 건 질색이었지만, 내게 온 리리에그 메시지를 떠올렸다. 정말 읽는다는 건 즐거운 일일까? '길'을 찾을 수 있나? 한번 알아봐야겠어!

"그게 뭐야? 한번 읽어 볼게!"

나는 종이를 받아 들었다. 갑자기 훅 쑥스러워져서 아무 말이 튀어나왔다.

"뭐든 읽는다는 건 즐거운 일이잖아."

그러자 재훈이가 얼굴빛이 바뀌면서 이렇게 물었다.

"너도 그렇게 생각해?"

왜 그런 얼굴로 쳐다보지? 재훈이는 발그레 들뜬 표정이었다.

"응. 어디서 그런 말을 봤거든."

방금 리리에그에서 말이지.

나는 재훈이가 준 종이를 펼쳐 읽었다. 글씨, 글씨, 또 글씨……. 또박또박 읽어 보려고 애를 썼다.

"이거 가정 통신문이네?"

 가정 통신문 | 문해 초등학교 000-00000

만물이 소생하는 봄, 세계 책의 날을 기념하며
마음의 양식을 쌓고 글솜씨를 뽐내는
'제49회 문해 독후감 대회'를 개최합니다.
학부모님들께서는 독후감 대회에 관심을 두시고,
가정에서도 독서를 장려해 주시기 바랍니다.

일시: 20△△년 4월 23일 금요일 3교시
시상: 반별 우수상 1명, 학년별 최우수상 1명

문해초등학교장 왕문자

"응. 같이 준비해 볼래?"

"같이?"

"독후감 대회 말이야. 너 상장 하나 꼭 받고 싶다며."

반별 우수상 1명! '우수상'이라는 글자가 눈에 다시 들어왔다.

"그러네. 독후감 대회도 상을 주네! 독후감이면 책을 읽고 쓰면 되는 거지?"

'책 속에 길이 있다.'는 리리에그 메시지가 생각났다. 정말 그럴까? 이게 상장을 받을 좋은 기회가 될 수도 있을 것 같았다.

"그래……. 독후감 대회, 한번 해 볼까?"

"그럼 같이 준비할래? 잘됐다. 나는 책 읽는 거 좋아해. 애들이 책벌레라고 할 정도로. 너도 책 좋아하지?"

재훈이가 나를 보고 활짝 웃으며 말했다.

"그냥, 뭐……. 그런데 책벌레? 책벌레도 똥은 안 싸겠지?"

이런 말은 뭐 하러 하냐고, 모영문!

"응?"

"아니, 하루살이는 똥을 안 싼다고 해서 말이야."

재훈이가 또 놀란 얼굴이 됐다.
"어? 너, 곤충에도 관심 있어?"
"아니, 어디서 들은 말이야."
재훈이가 싱긋 웃었다.
"모영문, 네가 재미있는 애일 줄 알았어. 어제 사서 선생님 농담도 그렇고. 우리 반 애들이 유머가 없어서 놀랐지? 개그를 못 알아듣고 진지하게 받았어."
구민탁의 축구공이 날아오고 있었다. 나는 천재훈의 팔을 살짝 잡아당겨 피하게 했다. 그러고는 내 발밑으로 통통 굴러온 축구공을 구민탁을 향해 뻥 차 주었다.
"고마워, 천재훈. 내일 보자."
나는 재훈이에게 손을 흔들고 돌아섰다.
그런데 집으로 가는 길에 정신이 번쩍 들며 '헉!' 소리가 나왔다.
'뭐? 책을 읽고 독후감을 쓴다고? 내가 그걸 어떻게 하지? 책은 핸드폰, 라면 받침으로나 쓰고 있는데……'

리리의 문해력 연구실 3

일단 읽기!
읽기가 기본이야

문해력을 키우기 위해 **가장 먼저** 해야 할 일은?
또 **가장 좋은** 방법은? **바로 읽기야!**
'글 읽기'가 뭐라고 생각해? 단순히 눈으로 하는 글자 읽기
같지만, 사실 **읽기는 우리 뇌가 하는 일**이야.
'사과가 맛있어 보였다.'는 글을 읽는 순간, 우리 머릿속에서는
많은 일이 일어나. **글자와 소리를 해독해 의미를 파악**하고,
어떤 상황인지 **상상하거나, 내 느낌과 경험을**
떠올리기도 해. 이 **모든 과정이 다 읽기**란다.

읽기가 문해력을 키우는 데 왜 중요하냐고?
글을 읽다 보면 **새로운 단어**를 많이 알게 되고, **문장이 어떻게 이루어지는지, 글이 어떤 흐름으로 진행되는지**도 자연스럽게 알게 돼. 그러면서 점점 더 길고 어려운 글도 잘 이해할 수 있어. 그렇게 **지식과 정보**를 많이 쌓으면서, **생각하고 상상하는 힘**도 점차 자라게 되지.
바로 문해력이 높아진다는 뜻이야! 그러니까 **문해력을 키우는 가장 좋은 방법은 제대로, 많이 읽기야!**

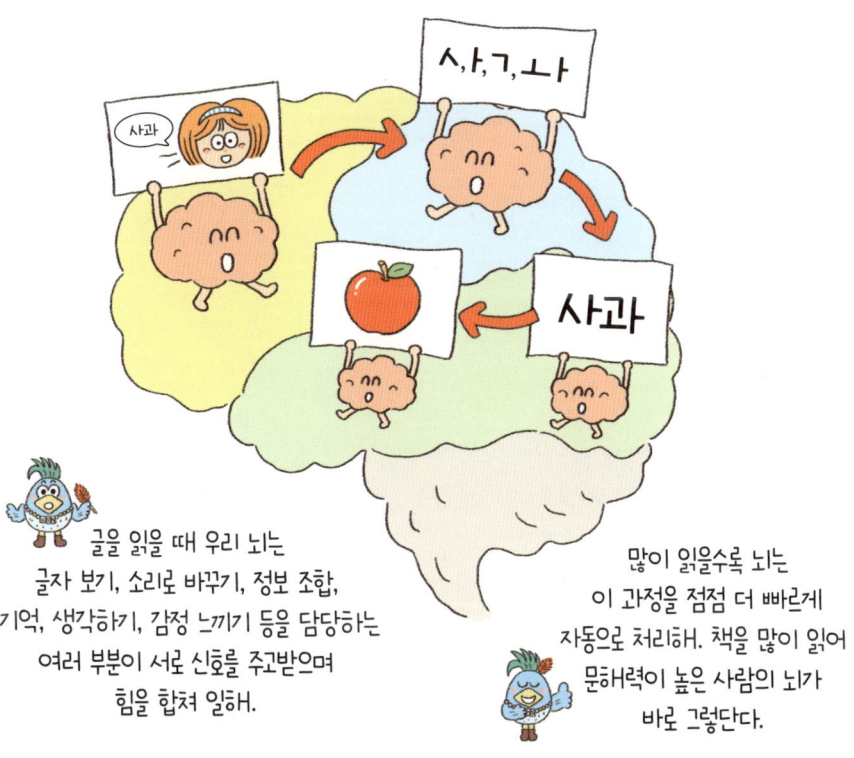

글을 읽을 때 우리 뇌는 글자 보기, 소리로 바꾸기, 정보 조합, 기억, 생각하기, 감정 느끼기 등을 담당하는 여러 부분이 서로 신호를 주고받으며 힘을 합쳐 일해.

많이 읽을수록 뇌는 이 과정을 점점 더 빠르게 자동으로 처리해. 책을 많이 읽어 문해력이 높은 사람의 뇌가 바로 그렇단다.

리리의 선물 – 문해력 쑥쑥 비법 1 : 독해력을 키우자

글을 읽고 뜻을 이해하는 읽기 능력,
곧 독해력은 세 가지 요소로 구성돼.

독해력

- **정확하게 읽기**: 글 내용을 틀리거나 잘못 읽지 않고 충실하게 이해하는 읽기.
- **평가하며 읽기**: 글 내용이나 작가, 독자 자신에 대해서 판단하고 생각하며 읽기.
- **추론하며 읽기**: 미루어 짐작하며, 글쓴이의 의도를 파악하며 읽기.

- 이 글의 내용이 맞나?
- 내 생각은 작가와 달라.
- 등장인물은 왜 그랬지?
- 작가는 이 글을 왜 썼을까?

그럼 어떻게 하면 독해력을 키울 수 있을까?
물론 글을 많이 읽는 게 가장 좋은 방법이야!
많이 읽다 보면 서서히 부족한 부분이 채워질 거야.
읽을 때는 이런 부분에 주의해서 읽도록 노력해 봐.

꼼꼼하게 읽기

○ 단어, 문장, 문장 부호, 표, 그림 등 글에 쓰인 표현에
○ 주목해서 읽어. 또 글의 구조와 앞뒤 맥락을 살피며 읽으면
○ 훨씬 빨리 내용을 파악할 수 있어.

배경지식 활용하며 읽기

글을 읽을 때, 이미 내 머릿속에 있는 지식과 관련지어서
생각하면 더 잘 이해할 수 있어.

질문하며 읽기

○ "무슨 뜻이지?", "그래서 어떻게 된 거지?", "왜 그랬을까?"
○ 같은 질문을 하며 읽으면 답을 찾으려고 생각하는 과정에서
  글에 더 집중할 수 있어. 옳고 그름을 따져 보며
○ 비판적으로 읽고, 새로운 생각을 떠올리며 창의적으로
○ 읽을 수도 있지.

4 좋은 책은 좋은 친구

다음 날 학교에 갔더니, 천지훈이 내 책상을 똑똑 두드리며 눈을 동그랗게 떴다.

"왜?"

"책 골랐어?"

벌써 그럴 리가. 나는 고개를 가로저었다. 그러자 재훈이가 물었다.

"같이 서점 갈래? 독후감 쓸 책 고르러."

"그러든지."

"그런데 너는 어떤 책 좋아해?"

재훈이가 이렇게 묻는데, 얼떨결에 나는 아무 말이나 막 해 버렸다.

"어, 뭐, 이런저런 책⋯⋯. 우리 집엔 책이 많아. 거실에 막 쌓여 있어서 가끔 쿵쿵 소리도 나. 책 쏟아지는 소리. 책은 깔고 앉거나, 라면이나 핸드폰 받치기도 좋고, 얇은 책은 부채질하기도 좋지."

재훈이가 입을 살짝 벌리고 후후 웃었다. 내가 또 엉뚱한 소리를 한 건가?

"넌 무슨 책 읽고 독후감 쓰고 싶어?"

물론 난 아무 생각도 없었다.

"글쎄⋯⋯. 생각 중이야."

"우리 형들은 S대 선정 추천 도서 100권을 다 읽었어."

"아, 그거?"

아빠 잔소리가 떠올랐다. 그 100권은 대학교에 가기 전에 다 읽어야 한다나? 하지만 그걸 다 읽는다면 아마 난 노인이 돼서나 대학생이 될 수 있을 것 같다고 말했었지. 아니, 대학생 같은 건 절대 못 될지도⋯⋯.

재훈이가 크게 숨을 들이마시더니 이렇게 말했다.

"네가 무슨 책을 고를지 궁금해."

"뭐, 상 받을 수 있는 책? 누가 봐도 대단하다 싶은 책을 골라야겠어. S대 선정 100권 중 하나면 되지 않을까? 그리고 이왕이면 이쁜 책!"

재훈이가 크게 고개를 끄덕였다.

하굣길에 재훈이와 나는 동네 서점에 갔다. 무슨 책이 좋을까 둘러봤지만 도통 고를 수가 없었다. 당연했다. 나 스스로 읽을 책을 한 번도 골라 본 적이 없으니……. 그러다 눈에 들어오는 제목이 있었다. 《코스모스》.

"코스모스? 이쁘지."

혼잣말했는데, 재훈이가 들었나 보다.

"어! 설마 《코스모스》? 모영문 역시 대단하다! 이 책 S대 합격자들이 많이 읽은 책 중 하나던데!"

재훈이가 이러는 바람에 나는 얼떨결에 그 두꺼운 책 《코스모스》를 샀다.

서점을 나오는데 재훈이가 말했다.

"나도 그 책 읽고 싶었는데……."

"그럼 너도 이거 읽어."

"나한텐 아직 어려울 것 같아. 하지만 곧 읽을 거야. 나는 우주에도 관심이 많거든. 읽어 보고 얘기해 줘."

잠깐만. 우주? 뭐지? 이거 꽃 얘기 아닌가? 우주에 코스모스꽃이 핀다는 얘긴가?

돌아가는 길에 핫도그 가게가 보였다.

"우리 핫도그 먹을까? 저 집 핫도그 맛있어."

재훈이가 핫도그 사러 간 사이, 나는 책을 슬쩍 펴 보았다.

헉! 깨알같이 작은 글씨에 700쪽이 넘었다. 중간에 사진도 있긴 했다. 까만 우주와 작은 별들.

'그런데 제목은 코스모스인데 왜 꽃 사진이 없지? 그나저나 이걸 언제 다 읽어?'

톡톡. 누군가 내 어깨를 쳤다. 돌아보니 구민탁이었다.

"하이, 모영문! 나 알지? 축구 배구 배드민턴 탁구 짱, 구민탁. 너 설마 걸어 다니면서도 책을 보는 거야? 난 너도 나처럼 책하고는 담쌓은 애인 줄 알았는데."

"아니, 나 책 읽을 거거든?"

"이 두꺼운 걸? 설마!"

구민탁은 나에게 축구공을 건네더니, 《코스모스》 책을 획 가져가 휘리릭 넘겨 보았다.

"모영문! 네가 이걸 읽는다고? 대단하다! 근데 언제 다 읽어? 다 읽으면 할머니가 될 거 같은데?"

나는 구민탁에게 축구공을 주고 책을 뺏으려고 했다.

"영문아!"

천재훈이 양손에 핫도그를 들고 오고 있었다.

"어? 천재훈도 있었네? 둘이 뭐야? 설마 데이트?"

"아니거든!"

구민탁이 내 책을 뺏어 든 걸 보고 재훈이가 급히 달려왔다. 그러다 물웅덩이를 보지 못하고 밟으며 삐끗 미끄러졌다. 철벅! 온통 흙탕물이 튀었다.

"앗!"

김이 모락모락 나는 핫도그는 빨간 케첩과 하얀 설탕 대신 흙탕물 범벅이 됐다.

"엇! 천재훈, 안됐다. 저 집 핫도그 맛있는데!"

구민탁이 내게 책을 돌려주며 말했다.

"핫도그는 다음에 먹자. 영문아, 《코스모스》 읽으면 소감 얘기해 줘."

재훈이는 바지도 책가방도 흙탕물에 젖은 채 이렇게 말하고 황급히 가 버렸다.

"어, 그래. 읽어 보고 얘기해 줄게. 잘 가."

나는 그렇게 말했지만, 마음속에 돌덩이가 하나 들어앉은 기분이었다.

"모영문! 내가 그 책 들어다 줄까? 꽤 무겁네. 벽돌인 줄!"

"아니, 괜찮아. 미안, 먼저 갈게."

나는 《코스모스》 책을 들고 달렸다. 책도 무겁고 마음도 무거웠다.

집으로 돌아와 저녁을 먹고 책상 앞에 앉았다. 책을 읽으려고 책상에 앉은 건 처음이었다. 첫 장을 펼쳤는데 쪼끄만 글자가 빼곡했다. 숨을 한번 깊게 쉬고 첫 줄을 읽어 보았다.

코스모스는 과거에도 있었고 현재에도 있으며 미래에도 있을 그 모든 것이다.

엥? 이게 뭔 소리지? 그다음 문장은 나를 더 좌절시켰다.

코스모스를 정관하노라면 깊은 울림을 가슴으로 느낄 수 있다.

무슨 말인지 하나도 알 수가 없었다. 도저히 읽을 수가 없었다. 그런데 이렇게 어렵고 두꺼운 책을 다 읽고 독후감 대회에 나간다고? 말이 안 되는 일이었다. 도대체 왜 이 책을 골랐을까? 책을 골라 본 적이 없으니 아무 생각이 없었던 거지!

'어떡하지? 재훈이도 민탁이도 대단하다고 했는데······.'

어떻게든 조금이라도 읽어 보려고 눈을 부릅뜨고 애를 썼다. 하지만 한참을 끙끙대다 어느새 책장에 코를 박고 잠들어 버렸다.

―

 아침 일찍 집을 나서 왕벚나무 아래 벤치로 갔다. 팔랑팔랑 벚꽃 잎 하나가 두꺼운 《코스모스》 책 위로 떨어져 내렸다. 나는 잔소리탈출연구소의 문을 열고 들어갔다.
 "영문아, 표정이 왜 그래?"
 리리가 물었다.
 "리리, 나 큰일 났어!"
 "어? 무슨 일이야? 벌써 구미가 당기는걸?"
 리리는 부드러운 방석 위에 자리를 잡고 앉았다.
 나도 리리 앞에 앉았다.
 "리리, 난 지금 엄청난 위기에 처했어. 이 책을 읽어야 해. 독후감도 써야 하고. 그런데 700쪽이 넘는 걸 어떻게 읽어? 읽어야 독후감을 쓰든지 말든지 할 텐데."
 "아이고, 정말 엄청난 위기다! 밤을 꼬박 새워야 하나?"
 "그런다 해도 절대 읽을 수 없을걸? 글자를 아무리 읽어도 무슨 말인지 도저히 모르겠어. 이 책을 읽는 건 나한테 불가능이야."

"흠, 그래……. 4학년 어린이들이 즐겨 읽는 책은 아니지. 어쩌다 이런 책을 골랐어?"

"난 책 고를 줄 몰라. 책을 안 읽는데 고를 일이 있었겠어? 그런데 재훈이가 막 대단하다고 하고, 자기도 읽고 싶다는 거야. 그래서 괜찮을 줄 알았지. 제목 보고는 꽃 얘긴 줄 알았다니까. 우주에 대한 건지도 몰랐어. 구민탁이 벽돌이라고 놀리는데, 그 말이 딱 맞아. 독후감이고 뭐고 망했어!"

리리와 눈이 마주친 순간, 나는 간절한 눈빛을 보냈다.

리리가 입을 꾹 다물고 일어섰다. 방석에 연두색 리리에그가 하나 놓여 있었다!

"힝! 고마워, 리리!"

나는 리리에그를 감싸 쥐고 침착하게 마음을 가다듬었다. 메시지가 나타났다.

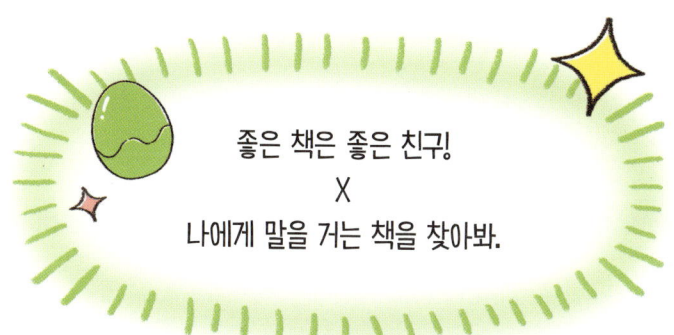

좋은 책은 좋은 친구!
X
나에게 말을 거는 책을 찾아봐.

나는 리리에그 메시지를 소리 내어 읽고 열어 보았다. 이번에 투명한 연둣빛 젤리였다. 젤리를 입에 넣고 눈을 감았다. 떨떠름하던 젤리에서 점점 멜론 맛이 났다.

'좋은 친구 같은 책? 책이 나에게 말을 건다고? 궁금해. 어떤 책을 찾을 수 있을까?'

리리가 내 귓가에 조그맣게 속삭였다.

"집중해, 모영문! 어떻게 해야 할지 리리에그 메시지를 생각해 봐."

―

나는 눈을 떴다.

서점 진열대 앞에서 재훈이가 말했다.

"네가 무슨 책을 고를지 궁금해."

나는 앞에 놓인 책들을 둘러보았다. 《코스모스》가 보였다.

'내게는 너무 두껍고 어려운 책, 남들이 멋있다고 하지만 정작 나는 무슨 말인지 하나도 모르겠는 책은 아니야. 처음으로 제대로 읽겠다고 마음먹은 책이잖아. 끝까지 다

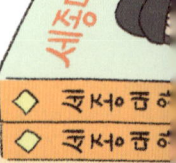

읽고 독후감을 쓸 수 있는 책, 독후감 대회 상장을 노려 볼 만한 책을 선택해야 해!'

그때 단발머리에 눈이 큰 여자아이 얼굴이 있는 표지가 내 눈을 사로잡았다. 책 제목은 《안네의 일기》.

'저 아이 이름이 안네겠지?'

안네의 눈동자가 나를 빤히 보고 있었다.

"이 책이 나한테 말을 거는 것 같아! 나를 기다리고 있었던 것처럼."

나는 《안네의 일기》를 집어 들었다.

재훈이가 말했다.

"어? 《안네의 일기》? 나도 그 책 좋아해."

"그래? 왜?"

"음, 그 책은 안네가 '키티'라고 이름 붙인 일기장에 쓴 자기 이야기야. 우리랑 비슷한 또래인데 전쟁 때문에 숨어 살면서도 열심히 공부하고 생각하는 게 인상적이었어. 안네와 남자 친구 페터 이야기도 재미있었고."

"그래? 좋아, 결정했어. 나는 이 책 읽어 볼래!"

재훈이의 소감을 들으니 더 이 책을 빨리 읽고 싶어졌다.

"재훈아, 가자. 가는 길에 내가 핫도그 사 줄게."

"정말? 나 핫도그 좋아하는데!"

나는 핫도그 가게로 가서 케첩과 설탕을 듬뿍 바른 핫도그를 세 개 샀다.

"세 개나 샀어?"

"응. 너랑 나랑 하나씩 먹고, 또 하나는……."

구민탁이 축구공을 차며 다가왔다.

"구민탁, 핫도그 먹을래?"

나는 민탁이에게도 핫도그를 하나 주었다.

"헛! 나 주는 거야?"

"먹기 싫으면 말고."

"아니, 땡큐!"

나는 핫도그를 먹으며 집으로 돌아왔다. 《안네의 일기》를 꼭 안고. 안네와 나는 좋은 친구가 될 수 있을지 궁금했다. 내가 처음으로 선택한 책, 《안네의 일기》와 나는 어떤 대화를 나누게 될까?

리리의 문해력 연구실 4

무엇보다도 책 읽기가 중요해!

문해력을 키우는 **최고의 방법은 바로 많이 읽기야!** 그럼, 무얼 읽으면 좋을까? 두말할 것도 없이 **책**이지! 이제 **책과 친해져 보자.**

책은 인류를 발전시킨 **결정적 발명품**이야. 책에는 오랜 시간 인류가 쌓아 온 **지식과 지혜**가 담겨 있어. 또 책을 통해 위대한 인물들의 생각과 **새로운 세계**도 접할 수 있어. **훌륭한 업적을 이룬 사람들**의 공통점 중 하나는 높은 문해력이야. **모두 책을 좋아하고 즐겨 읽었지.** 책을 읽으며 지식을 탐구하고 넓고 깊이 생각하는 힘을 길러 새로운 지혜를 얻었어.

책을 읽다 보면 흥미로워서 밤새울 때가 많았어. 아버지(태종)가 건강에 해롭다고 걱정하실 정도였지. 하지만 그렇게 책을 읽고 연구하면서 《훈민정음》을 만들 수 있었어.

– 세종 대왕

난 어릴 때부터 책을 좋아했지.
책을 읽으며 생각하는 방법을 배웠어.
특히 철학과 수학을 좋아했단다.
책을 통해 스스로 공부하고
물리학에 빠져들었어.
- 아인슈타인

내가 어릴 때 좋아한 책은
《반지의 제왕》, 《일리아드》였어.
난 가난하고 힘든 시절을
책을 읽으며 견뎠고,
《해리 포터》를 쓰며 희망을 찾았지.
- J.K. 롤링

나는 23번의 전투에서 모두 승리했어.
나의 가장 큰 무기는 바로 책이야.
《손자병법》 같은 병법서를 읽고 마음을 가다듬었어.
나는 전쟁 중에 일기도 꾸준히 써서
후대에 남겼어. 바로 《난중일기》야.
- 이순신

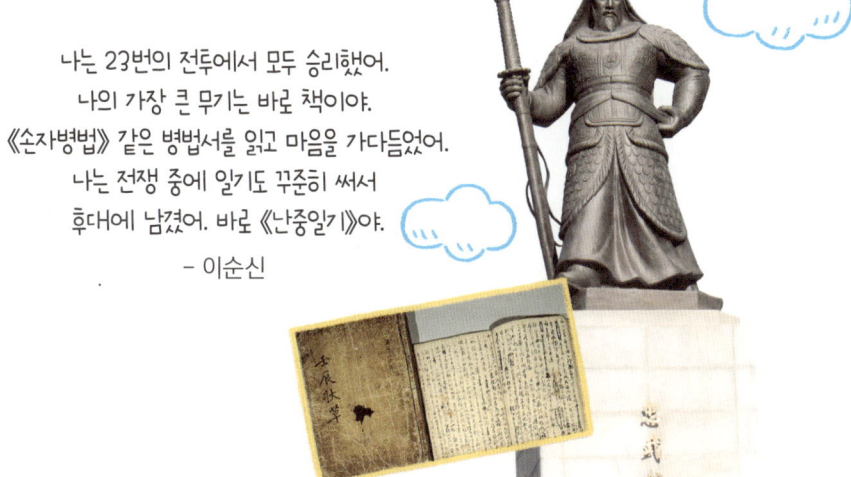

리리의 선물 – 문해력 쑥쑥 비법 2 책 고르기와 나만의 독서법

책 읽기가 중요하다는 건 알겠지? 그럼 내가 읽을 책을 스스로 골라 보자. 어떤 책을 선택할지 어렵다고? 내가 몇 가지 방법을 알려 줄게. 조금씩 경험을 쌓다 보면 잘할 수 있을 거야.

1. 책 표지의 제목, 지은이, 추천사, 앞뒤 그림 살펴보기.
   '제목이 흥미롭고 매력적인가?', '궁금증이 생기나?'

2. 책날개, 차례, 첫 장, 작가의 말 등을 훑어보며 내용 짐작해 보기.
   '어떤 내용일까?', '작가가 어떤 걸 말하고 싶었나?'

3. 이전에 읽은 책과 비교하거나 연결해 골라 보기.
   '관심 있는 소재라 또 읽고 싶어.', '이 작가 책이 참 재미있었어.', '재미있게 읽은 책과 주제가 비슷해.'

4. 믿을 수 있는 추천 목록이나 수상작 참고하기.
   어린이책 추천 도서 목록, 문학상 수상작, 믿을 만한 인물의 추천사 등을 살펴보기.

그래도 책 고르기가 어렵다면 우선 재미있는 이야기책부터 읽어 봐. 주인공을 보며 나라면 어떨지 생각해 보는 거야. 친구에게 추천받는 방법도 있어. 책에 관해 얘기하며 친해질 수도 있지.

 좋은 책, 더 기분 좋게 읽는 방법을 알려 줄게.
독서할 때 나만의 방식을 만들어 보면 도움이 될 거야.

어떻게 읽을까?

1. 읽기 전에
- 판타지, 모험, 역사, 과학 등 좋아하는 주제를 골라.
- 차례와 그림을 넘겨 보고 내용을 짐작해.
- 등장인물이 겪은 일과 비슷한 나의 경험을 떠올려 봐.

2. 읽는 중에
- 등장인물이 된 듯 실감 나게 소리 내어 읽어 봐.
- '주인공은 왜 그랬을까? 나라면 어떻게 할까?'를 생각하며 읽어.
- 책의 내용을 상상해 봐. 다음에 어떻게 될지 예측하며 읽어도 좋아.

3. 읽고 나서
- 눈으로 읽고, 소리 내어 읽고, 베껴 써 보기도 해.
- 좋아하는 책은 여러 번 읽어.
- 독후감 쓰기, 캐릭터나 그림 그리기, 뒷이야기 써 보기 등 나만의 독후 활동을 해.

언제 읽을까?
- 읽고 싶을 때 마음대로 읽어.
- 아침에, 자기 전에 등 매일 같은 시간을 정해서 읽어.
- 쉬는 시간, 학원 차 안 등 자투리 시간에 읽어.

어디서 읽을까?
- 독서 의자나 독서등으로 나만의 책 읽는 공간을 만들어 봐.
- 도서관에 자주 가 보는 것도 좋아. 재미있는 책을 발견할 확률이 커.
- 침대 머리맡, 화장실, 식탁 옆, 소파 옆 등 집 곳곳에 책 바구니를 놓자.

국어사전은 보물 창고

"와! 안네가 진짜 있었던 사람이네? 이렇게 생겼구나!"

집에 오자마자 책을 편 나는 맨 앞에 실린 흑백 사진들을 보고 놀랐다. 지어낸 이야기인 줄 알았는데, 안네는 실제 인물이고, 이 책도 안네가 직접 쓴 일기였다.

사진 속의 안네는 단발머리에 갸름한 얼굴, 눈이 크고 깊은 여자아이였다. 안네와 가족들의 모습, 안네가 전쟁 중에 숨어 살던 집의 사진들도 볼 수 있었다.

'1942년 6월 14일'로 시작되는 내용을 천천히 읽기 시작했다. 첫 장을 펴 놓고 한 장도 넘어가지 못했던 《코스모스》보다는 훨씬 읽기 좋았다. 안네는 열세 살 생일에 선물로 받은 일기장에 '키티'라는 이름을 붙이고, 자신의 이야기를 편하게 털어놓았다.

《안네의 일기》를 한 자 한 자 읽으며 나는 마치 새 친구를 만나게 된 느낌이 들었다. 그 친구가 어떻게 살아가는지, 성격은 어떤지, 무슨 생각을 하고 있는지 천천히 알게 되듯 안네를 알아가기 시작했다. 처음에는 반드시 독후감을 잘 써서 상을 타야 한다는 생각으로 손에 잡은 책이지만, 이다음에는 안네가 무슨 이야기를 할지 점점 궁금해하며 책장을 넘기고 있었다.

다음 날 아침 식사 시간이었다.

"새 학교는 다닐 만하니?"

"네."

아빠에게 대답은 길게 하지 않는다. 꼬치꼬치 묻다가 잔소리로 이어질 게 뻔하니까. 하지만 나는 정말 새 학교가 나쁜 편은 아니라고 생각했다. 그런데 거기서 끝났으면 좋았을 것을, 엄마가 아빠에게 또 이것저것 내 칭찬을 늘어놓았다.

"전학을 잘 온 것 같아. 글쎄 영문이가 책을 읽기 시작했어. 독후감 대회에 나갈 거래. 어제 담임 선생님이랑 전화 상담했는데 학교에서도 아주 모범적이래."

아빠가 말했다.

"이제야 모범생 모정석의 딸 모영문답구나! 그래, 무슨 책을 읽고 있는데?"

"《안네의 일기》요."

엄마가 물었다.

"어때? 무슨 내용이야?"

"무슨 전쟁 때문에 숨어 사는 아이 일기예요."

내가 이렇게 말하자 아빠가 나를 빤히 보면서 이렇게 말했다.

"쯧쯧. 무슨 전쟁이 뭐냐? 제2차 세계 대전이잖아!"

"네네, 아빠. 알겠습니다."

아빠는 항상 내 실수를 딱 꼬집는다. 나한테 늘 제대로 알고 정확하게 말하라고 한다.

"그래, 여보! 영문이가 이제 읽는 중이잖아. 얼마나 기특해. 칭찬 좀 해 줘."

아빠가 그제야 입을 다물고 고개를 끄덕였다. 그러자 이번에는 엄마가 날 보고 윙크하더니, 주먹을 쥐고 '파이팅!' 하는 것이었다.

"너무 기대하지 마세요. 지나친 관심은 부담스러워요."

휴……. 난 서둘러 밥을 먹고 학교에 갔다. 상장을 받겠다고 해 놔서, 마음이 급했다. 하지만 모든 일이 순조롭게 돼 가고 있었다. 《안네의 일기》를 조금씩 읽으면서 독후감을 어떻게 쓸지도 궁리하면 될 것 같았다.

사회 시간에 선생님이 모둠 활동이라면서 빈칸이 뻥뻥 뚫린 학습지를 나눠 주셨다.

"얘들아, 지금까지 다 배운 내용이니까 모둠 친구들과 의논해서 학습지의 빈칸을 채워 봐."

"네!"

다른 애들은 쓱싹쓱싹 빈칸을 잘도 채워 나갔다. 그런데 나는 뭘 쓸 수가 없었다. 내 학습지는 여전히 빈칸이 가득했다.

같은 모둠인, 앞자리에 앉은 오해인이 물었다.

"모영문! 뭐 해? 왜 아무것도 안 써?"

"아, 쓸 거야."

"아까부터 계속 가만히 있었잖아. 나랑 재훈이는 끝났는데, 우리 학습지 보여 줘? 선생님이 모둠 친구들과 의논하라고 하셨잖아."

"아, 아니야."

오해인은 내 학습지를 손가락으로 가리키며 말했다.

> _____은 농___, 어___, 산___ 과 같이 도시가 아닌 시골에서 여러 집이 모여 사는 마을이다.

"여기 빈칸에 똑같이 들어갈 글자는 '촌'이잖아. 맨 앞에 이건 '촌릭'이고."

"알거든."

나는 오해인에게 짧게 말하고 빈칸에 '촌낙'과 '촌'을 써넣었다.

"야! 낙이 아니라 락이야. 촌락! 몰라? 교과서에 나오잖아."

헐! 머리를 질끈 올려 묶은 오해인은 톡 쏘며 말하는 투가 꼭 우리 아빠 같다.

나는 ㄴ을 슬쩍 ㄹ로 고쳐 썼다. 그래, 교과서에 나오겠지.

하지만 4학년이 되니 교과서에 있는 말 중에 아는 것보다 모르는 게 훨씬 많은 것 같다.

'혹시 재훈이가 들었을까?'

사실 내가 글자를 틀린 것도, 모르는 말이 나온 것도 처음 있는 일은 아니었지만, 문득 좀 창피했다.

아무 말도 하고 싶지 않았다. 그래서 쉬는 시간마다 《안네의 일기》를 펼쳐 놓고 뚫어져라 쳐다보았다. 그런데 영 글자가 눈에 들어오지 않았다.

'아니, 글자를 읽긴 했는데 무슨 얘기인지 왜 이렇게 이해가 안 되지?'

한참을 헤매다가 그 이유를 알았다. 모르는 단어가 너무 많았다!

언니 마르고트는 프랑크푸르트암마인에서 1926년 태어났고 나는 1929년 6월 12일에 태어났어. 우리는 유대인이기 때문에 1933년 독일에서 네덜란드로 이주했어. 아빠는 트라피스 상회의 지배인이 되셨지.

프랑크푸르트암마인. 이건 아마도 도시 이름 같았다. 그런데 그다음 문장은 통 이해가 안 됐다. 유대인. 유대인이라……. 이게 뭐지? 아빠가 전에 유대인 뭐라고 말하는 걸 들은 적이 있는 것 같은데……. 독일과 네덜란드는 나라 이름이다. 그런데 이주는 뭐고, 트라피스 상회, 지배인은 또 뭐야? 나는 몇 번이고 다시 읽으며 끙끙댔다.

"뭐, 유대인? 모영문, 너 유대인 몰라?"

오해인이 또 올려 묶은 머리를 들이밀었다.

이런! 혼잣말하는 게 오해인 귀에 들어갔나 보다.

나는 뭐라고 말해야 할지 머릿속이 하얗게 되고 말았다. 잘못한 것도 아닌데 왜 나쁜 짓 하다 들킨 기분인지. 차마 모른다고는 말 못 하고 있었는데, 옆에 있던 재훈이가 말했다.

"오해인! 영문이한테 뭘 자꾸 모른다고 그래?"

"영문이가 방금 그랬어. '유대인이 뭐지?' 하고 끙끙대던데?"

"더 자세히 알고 싶은가 보지. 지금 영문이가 《안네의 일기》 읽고 있잖아?"

오해인이 나와 내 책《안네의 일기》를 번갈아 보다가 돌아

앉으며 한마디 던졌다.

"읽고 있다고? 아닐걸? 하루 종일 같은 쪽만 펴 놓고 있던데."

나는 어딘가로 숨고 싶었다. 아니, 당장 도망치고 싶었다. 나는 《안네의 일기》를 책상 서랍에

탁 구겨 넣고 벌떡 일어서서 교실을 나왔다.

천재훈이 나를 따라 나왔다.

"영문아, 신경 쓰지 마. 오해인이 오해한 거야."

그러고는 한마디 덧붙였다.

"《안네의 일기》 재미있지? 독후감 대회 준비는 잘돼 가?"

재훈이가 좋은 뜻으로 하는 말이란 건 알고 있었다. 그런데 내 입에서는 불쑥 짜증 섞인 소리가 나왔다.

"아니, 너무 재미없어. 읽기 싫더라. 독후감도 안 쓸래. 그러니까 이제 너도 상관 마."

휙 돌아서는데 오해인 목소리가 들렸다.

"보엉문 섀 뭐나? 방귀 뀐 놈이 성낸다더니!"

'헐! 오해인이 이제는 나를 방귀 뀐 사람으로 모는구나!'

그동안 읽기를 멀리한 대가가 이렇게 클 줄은 몰랐다. 교과서에 나오는 말도 잘 모르겠고, 생전 안 읽던 책이라는 걸 읽으려니, 도무지 진도가 나가지 않았다. 모르는 낱말투성이인 데다가 무슨 내용인지 전혀 이해되지 않았다.

'아, 난 왜 이럴까? 이제 책 좀 읽어 보려고 결심했는데 왜 안 될까?'

창피하고 속상해서 눈물까지 나오려고 했다.

―

터덜터덜 연구소로 향했다. 리리에게 이야기하다 보니 또 가슴이 답답하고 짜증이 났다. 어휴!

리리가 내 얘기를 다 듣고 헛기침했다.

'에헴!' 하고 뒤돌아 앉더니 이상한 소리가 들렸다.

"푸흡."

"뭐야? 비웃는 거야?"

리리는 숨을 고르고 나에게 말했다.

"아니, 아니야. 근데 방귀 뀐 놈이 성낸다는 말은 네가 방귀 뀌었다는 말이 아니야."

"뭐? 그래?"

"하, 영문아! 네가 모르는 낱말이 많은 것 같네. 교과서가 어렵고 책을 읽어도 잘 이해가 안 되는 건 어휘력이 달려서 그래."

"어휘력?"

"응. 어휘력은 문해력의 기초야! 낱말을 풍부하게, 마음껏 쓸 수 있는 능력이지. 그동안 책을 많이 안 읽은 탓에 네가 어휘력도 문해력도 낮은 거야."

"진짜? 후……. 그럼 어쩌지?"

"뭐, 조금씩 나아져야지. 천 리 길도 한 걸음부터라잖아."

"책을 읽는다니까 한 걸음씩 걸으라니, 그건 또 무슨 말이야?"

리리는 또 풋 하고 웃었다.

"내가 또 뭘 틀린 거야? 휴, 나는 모르는 게 너무 많아. 그동안 너무 잘못한 것 같아 속상하고 괴로워."

그러자 리리가 말했다.

"모르는 건 잘못이 아니야. 하지만 모른다는 사실을 아는 건 중요하지."

"왜?"

"모른다는 사실을 알아야, 어떻게 알아내면 좋을까 생각할 수 있거든."

"알아낼 생각? 모르면 그냥 어쩔 수 없는 거 아니야?"

"허허. 모르는 채로 가만히 있겠다고? 모르면 알려고 노력해야지."

"리리! 그러니까 제발 도와줘. 너무 속상해서 독후감도 안 쓸 거라 그래 버렸다고!"

리리가 방석에서 일어섰다. 주황색 리리에그가 놓여 있었다.

"흥미진진한 이야기 들려줘서 고마워. 덕분에 리리에그가 뽕 생겨났네. 자, 선물!"

나는 마음을 가다듬고 리리에그를 두 손으로 감쌌다. 그리고 잠시 후 메시지를 소리 내어 읽었다.

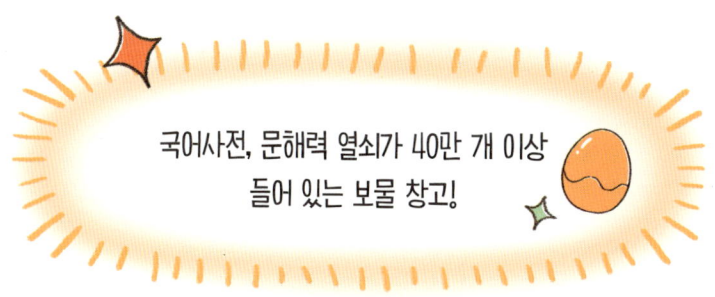

국어사전, 문해력 열쇠가 40만 개 이상 들어 있는 보물 창고!

나는 눈을 감고 귤 맛 젤리를 천천히 먹으며 생각했다.

'국어사전? 사전에는 단어 설명이 있잖아. 그럼, 문해력 문을 여는 열쇠라는 건 단어, 낱말인가? 40만 개? 그렇게나 많다니! 그럼 그걸 다 알아야 문해력이 생기는 건가? 어떻게

다 알아? 사람 머리가 컴퓨터도 아니고. 하지만 사전에 이미 있으니까… 다 외울 필요는 없잖아?'

리리가 내 귓가에 조그맣게 속삭였다.

"영문아, 리리에그 메시지를 기억해! 그리고 어떻게 해야 할지 잘 생각해 봐."

―

눈을 떴다. 앞에 재훈이가 서 있었다.

"영문아, 신경 쓰지 마. 오해인이 오해한 거야."

나는 재훈이에게 말했다.

"아니야, 나 사실은 모르는 단어가 자꾸 나와서 책 읽기가 힘들어. 그래서 사전 찾아보면서 읽으려고."

"아, 그, 그래? 영문이 네가 모르는 단어가 많다고?"

"응. 그런데 너 그거 알아? 국어사전에는 단어가 40만 개도 넘게 들어 있대. 그러니까 모르는 건 찾으면 다 나오겠지? 유대인부터 찾아봐야겠다."

잠깐 놀란 표정이던 재훈이가 싱긋 웃으며 말했다.

"유대인은 유대교를 믿는 민족이야. 이스라엘 사람들."

"아, 그래? 근데 안네네 가족이 유대인인 거랑 독일에서 네덜란드로 간 거랑 무슨 상관인 거지?"

재훈이가 또 대답했다.

"안네가 살던 때 독일은 히틀러가 지배했어. 반유대주의를 내세우고 제2차 세계 대전 때 유대인들을 학살했지. 그걸 피해서 네덜란드로 간 거야."

"우아, 천재훈! 어떻게 다 알아?"

재훈이는 부끄러운 듯 얼굴이 빨개졌다.

"그 책 난 읽었다고 했잖아."

"대단한데?"

"아니야. 너도 읽으면 곧 알게 될걸, 뭐."

"솔직하게 말할게. 난 사실 문해력이 부족하다는 소리를 많이 들어. 어휘력도 많이 떨어져."

재훈이는 의외라는 표정으로 나를 쳐다보았다.

"그래? 나도 그런데. 우리 좀 비슷하다."

어? 어디를 봐서 내가 천재 천재훈과 비슷하다는 건지!

재훈이가 이어서 말했다.

"나도 부족한 게 많아."

"뭐? 거짓말."

"정말이야. 키도 더 크고 싶고, 사실 용기도 좀 부족한 것 같고. 운동도 더 잘하고 싶고, 책도 더 많이 읽고 싶어."

"너처럼 유식한 애가?"

"유식한 건 우리 형들이지. 우리 형들은 공부도 잘하는데 민탁이처럼 못하는 운동도 없어. 형들에 비하면 나는 새 발의 피야."

"뭐? 너 피 나?"

재훈이 입가에 미소가 번졌다.

"아, 이건 농담! 근데 천재훈, 이제 네가 좀 인간같이 보인다. 지금까지는 천재 로봇인 줄!"

"에이, 설마. 거짓말."

"정말이야!"

재훈이와 농담을 주고받는데 뒤에서 오해인이 다가왔다.

"뭐야? 둘이 뭐가 그렇게 재미있어? 나도 끼워 줘."

하여튼 오해인 넌 왜 그렇게 나에 대해 관심이 많니? 어쨌거나 덕분에 '유대인'이라는 단어는 절대 잊어버리지 않을 것 같다.

  모르는 건 잘못이 아니라던 리리 말이 떠올랐다. 그래, 나는 내가 모른다는 사실은 안다. 그게 중요한 거지! 이제 모르는 게 나오면 재깍재깍 사전을 찾아봐야겠다. 그럼 나도 점점 아는 낱말이 많아지겠지. 리리가 말하기를, 어휘력이 쌓이면 모르는 낱말이 나와도 뜻을 짐작할 수 있다고 했다.

  나는 어깨를 쭉 펴고 창밖을 보았다. 운동장 저쪽에 리리의 연구실이 있는 왕벚나무가 보였다.

리리의 문해력 연구실 5

어휘는 힘이 세!

문해력을 키우는 데 **어휘는** 가장 중요한 요소야. 어휘를 많이 알면 글을 읽고 이해하기 쉬워. 읽기뿐만 아니라 쓰기에도 도움이 되지.

어휘력은 어휘를 뜻하는 대로 풍부하게 쓸 수 있는 능력이야. 어휘력이 높으면 낱말 사이의 관계, 낱말이 이루어진 짜임, 낱말이 문장에서 쓰이는 용법 등을 잘 알 수 있어.

▶ **낱말 사이의 관계**는 비슷한말, 반대말, 상위어-하위어 등을 아는 거야.

- **비슷한말:** 차갑다=시리다, 왼쪽=좌측
- **반대말:** 차갑다<=>뜨겁다, 좌측<=>우측
- **상위어-하위어:** 과일>사과, 배, 포도 등

상위어는 여러 구체적인 낱말들을 크게 묶어 주는 대표 단어야.

▶ **낱말의 짜임**은 덧신, 덧니의 '덧'이 '거듭/겹쳐'의 뜻이라는 걸 아는 거야. 이런 지식이 있으면, 모르는 낱말이 나와도 뜻을 짐작할 수 있어.

▶ **낱말의 용법**은, '바지'와 '입다', '모자'와 '쓰다'처럼 문장에서 함께 쓰이는 경우를 아는 거야. 이런 지식이 있으면 '그 물건은 품성이 나빠.'가 틀린 문장이라는 걸 잘 알지.

어휘력이 높으면 모르는 낱말의 뜻도 헤아릴 수 있어.

낱말들은 머릿속에서 그물처럼 망을 이루어. 책을 많이 읽으면 지식이 쌓여 어휘력이 높아지고, 어휘망이 다양하게 발달해. 그러면 모르는 낱말이 나와도 문장의 앞뒤를 살펴보고 자신이 가진 어휘망을 가동해 어떤 뜻인지 짐작할 수 있어.

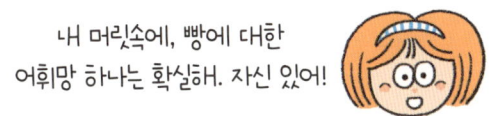

내 머릿속에, 빵에 대한 어휘망 하나는 확실해. 자신 있어!

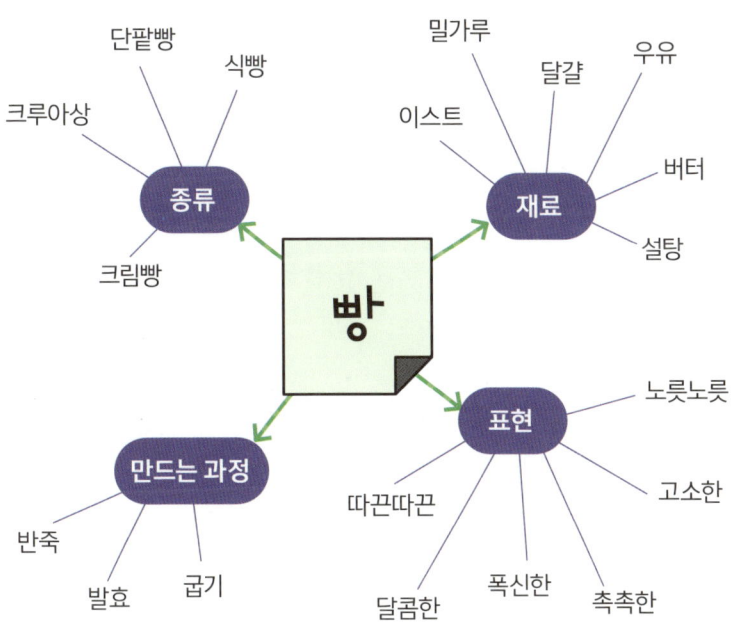

리리의 선물 - 문해력 쑥쑥 비법 3 어휘력을 키우자

 어휘력이 쑥쑥 자라게 해 주는 꿀팁을 알려 줄게.

▶ 모르는 말이 나오면 국어사전을 찾아봐.

종이 국어사전
찾아본 낱말에 형광펜으로 표시하거나 붙임쪽지를 붙여. 붙임쪽지가 가득한 국어사전을 보면 뿌듯해지지.

인터넷 국어사전 ▼ 🔍

표준국어대사전, 네이버 사전, 다음 사전, 우리말샘 등 인터넷 검색창에 검색어를 넣어서 낱말 뜻을 찾아.
사전마다 로그인하면 나의 단어장을 만들어 저장할 수 있어.

▶ 나만의 낱말 공책을 만들어 봐. 사전에서 찾은 낱말과 풀이를 쓰고, 내가 만든 예문을 적어 두는 거야.

낱말 이주
풀이 1. 본래 살던 집에서 다른 집으로 거처를 옮김.
2. 개인이나 종족, 민족 따위의 집단이 본래 살던 지역을 떠나 다른 지역으로 이동하여 정착함.
예문 안네 프랑크의 가족은 독일에서 네덜란드로 이주했다.

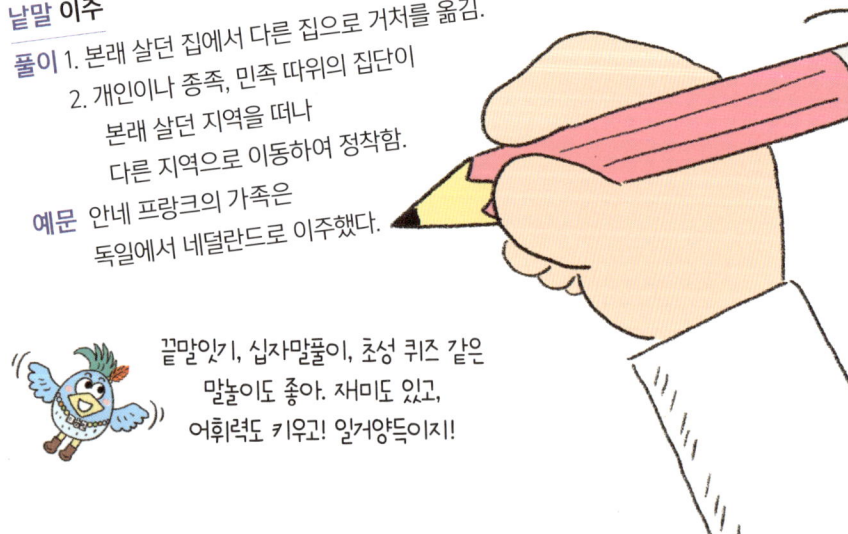

끝말잇기, 십자말풀이, 초성 퀴즈 같은 말놀이도 좋아. 재미도 있고, 어휘력도 키우고! 일거양득이지!

▶ 내가 찾은 말들을 분류해서 정리할 수도 있어.
든든한 지식 창고가 될 거야.

한자어
한자로 이루어진 낱말.
한자의 뜻을 알면
뜻을 짐작하기 쉬워.

- **분류(分類)** 사물을 종류에 따라 가름.
- **분배(分配)** 몫몫이 별러 나눔.

속담
예로부터 민간에 전해 오는
쉬운 격언이나 잠언.
내용이 재미있고,
조상의 지혜를 엿볼 수 있어.

- **개밥에 도토리** 따돌림을 당해 여럿의 축에 끼지 못하는 사람을 이르는 말.
- **백지장도 맞들면 낫다** 쉬운 일이라도 협력하면 훨씬 쉽다는 말.

사자성어
한자 네 자로 이루어진 말.
교훈이나 유래를 담고 있어.

- **고진감래(苦盡甘來)** 쓴 것이 다하면 단 것이 온다는 뜻으로, 고생 끝에 즐거움이 옴을 이르는 말.
- **우공이산(愚公移山)** 우공이 산을 옮긴다는 뜻으로, 끊임없이 노력하면 반드시 이루어짐을 이르는 말.

관용어
관습적으로 쓰는 말.
둘 이상의 단어로 이루어지는데,
각각의 단어 뜻과는 다른
특수한 뜻으로 쓰여.

- **손이 크다** 씀씀이가 후하고 크다.
- **귀가 얇다** 남의 말을 잘 믿는다.

 쓴다는 것은 생각한다는 것

저녁 식사 시간 전이었다. 엄마가 초록색 케이크를 식탁 위에 올려 놓았다.

"짜잔! 신메뉴 시식 좀 부탁해!"

아빠가 말했다.

"이거 녹차 맛이야? 난 녹차 별론데."

그러자 엄마가 자랑스럽게 소개했다.

"아니! 이 케이크 이름은 유완시! 유기농 완두콩 시금치 케이크야. 부제는 당신(YOU)의 완벽한 시간! 어때, 멋있지? 영양가는 또 얼마나 풍부한데!"

나와 아빠는 한 입씩 먹어 보았다. 아빠가 급하게 물을 마시고는 먼저 말했다.

"여보, 너무 짜. 짜디짠 소금 케이크? 이건 유짠시야. 당신의 너무 짠 시간."

"설마! 영문이 너도 짜?"

엄마가 나를 보자, 나는 크게 고개를 끄덕였다.

"엄마, 유완시를 한 입 먹으면, 밥을 두세 숟가락 퍼먹을 수 있겠는데요? 밥 안 먹는 애들한테 주면 딱 좋겠어요. 지금 맨밥이 너무 당겨요!"

"어어? 이상하다……."

엄마는 앞치마 주머니에 넣어 두었던 작은 노트를 꺼내서 펼치고 한 줄 한 줄 다시 읽었다.

"엄마, 갑자기 웬 노트예요?"

"이거? 신메뉴 개발 레시피 노트야. 어머! 소금 양이 잘못됐나 봐!"

나는 엄마의 노트를 기웃거렸다. 거기에는 그림도 함께 그려져 있었다.

유기농 완두콩 시금치 케이크, 유완시!
부제: 당신(YOU)의 완벽한 시간!

완두콩과 시금치는 영양가가 많은데 어린이들이 싫어하는 경우가 있다.
맛있는 케이크로 완두콩과 시금치를 좋아하게 해 줘야지!

재료: 삶은 완두콩 60g, 시금치 100g, 우유 100g, 올리브유 80g, 박력분 200g, 소금 20g, 설탕 100g, 아몬드 가루 60g, 베이킹파우더 10g,

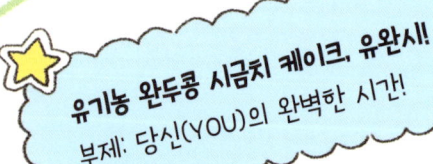
만드는 방법

1. 재료 준비하기 : 완두콩은 삶아서 식혀 두고, 시금치는 데쳐서 물기를 짠다.
2. 반죽하기 : 완두콩, 시금치, 우유, 오일, 설탕, 소금 등을 믹서기에 넣어 곱게 갈고, 밀가루, 베이킹파우더, 소금 등을 넣고 섞는다.
3. 오븐 예열하기 170도
4. 틀에 붓고 굽기 : 유산지를 깐 케이크 틀에 붓고 170도 오븐에서 약 35~40분간 굽는다.
5. 식히고 장식하기 : 다 식힌 케이크를 슈가 파우더나 과일 등으로 장식한다. 연두색 아보카도나 빨간색 딸기도 좋을 것 같음.

"우아! 레시피 노트를 꽤 많이 썼네요?"
"그럼. 엄마가 모모베이커리 제빵사잖니. 이 노트는 엄마 보물이야."
"그냥 만들면 되지, 왜 꼭 레시피를 써 둬야 해요?"
"봐. 이렇게 기록해 두니까 뭐가 잘못되었는지 알아낼 수 있고, 어떤 점을 발전시킬지 연구할 수도 있잖아."

"역시 필기왕 진달래답다! 당신 대학 다닐 때도 노트 필기 잘해서 친구들이 돌려보고 그랬잖아!"

"필기라면 자기도 유명했지. 지금도 수업 일지 꾸준히 쓰잖아. 그래야 더 나은 수업 방법을 계속 연구할 수 있다며."

"그렇지! 근데 왜 영문이는 우리를 안 닮았지? 통 뭘 쓰는 걸 못 봤어."

"그럼 어때? 잘 먹고 건강하면 됐지."

"어휴! 영문이는 읽지도 않고 쓰지도 않잖아. 쓰지 않고 어떻게 공부를 하지? 영문이 교과서나 노트는 너무 깨끗해. 수학 연습장을 봐도 이해 못 했다는 걸 딱 알겠더라고. 영문아, 수학이든 국어든 개념을 자신의 언어로 정리해서 쓸 수 있어야 해."

"영문이 교과서랑 노트는 또 언제 뒤져 봤어? 영문이가 얼마나 싫어하는데, 왜 자꾸 몰래 봐?"

엄마 아빠는 더 이상 말이 없었다. 식탁 위가 너무 조용했다. 달그락달그락, 괜히 어색해진 내가 포크로 접시 긁는 소리만 귀에서 마구 울렸다. 나는 고개를 숙인 채 서로 시선을 피하고 있는 엄마 아빠 이마에 대고 이렇게 말했다.

"저 이번에는 진짜 상장 하나 타 올 거예요. 독후감 써 보려고 준비하고 있어요."

엄마 아빠가 빼꼼 눈을 치뜨고 고개를 들었다. 나는 또 무슨 말이 나올지 몰라, 얼른 일어나서 내 방으로 왔다.

"영문아, 너무 부담 갖지 마!"

엄마가 소리쳤다.

"그래, 기대하마!"

아빠가 더 크게 소리쳤다.

방에 들어와서 나는 책을 집어 들었다. 전에는 이럴 때 주로 스마트폰을 봤는데, 이제는 좀 달라졌다. 《안네의 일기》는 읽을수록 재미있었다. 처음에는 한 쪽 읽는 것도 오래 걸렸는데, 지금은 안네의 이야기가 너무 궁금해서 책장 넘어가는 속도가 꽤 빨라졌다. 진짜 친구가 얘기를 들려주는 것처럼 느껴졌다. 잠자기 전까지 읽다가 내용을 생각하며 잠이 들 때도 많았다. 책이 이렇게 재미있는 건지 모르고 살았는데!

—

수업이 끝나고 나는 《안네의 일기》를 보며 집으로 오는 길이었다. 다음 내용이 너무 궁금해서 운동장을 걸어가면서도 눈으로는 책을 읽었다. 그러다가 꽝! 누군가와 부딪쳤다.

"아얏!"

많이 아프지는 않았지만, 깜짝 놀랐다. 천재훈이었다.

"영문아, 괜찮아? 미안! 수첩에 뭐 좀 쓰느라 못 봤어."

재훈이는 항상 수첩에 뭔가를 쓴다. 요즘 《파브르 곤충기》를 읽고 있던데, 책을 보다가도 수첩에 뭔가를 쓰곤 했다.

그때 선생님이 우리를 보고 오셔서 말씀하셨다.

"영문이가 요새 책을 참 열심히 읽는구나. 쉬는 시간에도 계속 보고 있던네?"

"네, 진짜 진짜 재미있어요."

"아, 영문이가 독서의 재미에 푹 빠졌구나. 멋진 일이야. 문해력이 쑥쑥 자라겠구나!"

그런데 다음 날 국어 시간, 독후감에 대해 수업을 하는데 선생님이 나를 부르셨다.

"모영문, 요새 《안네의 일기》를 읽고 있지?"

"네."

"그럼 친구들에게 한번 소개해 볼까? 정말 재미있다면서? 인상 깊었던 장면이나 느낌, 읽으면서 생각났던 거 뭐든 좋으니 한번 말해 보자."

"네? 저…… 그러니까……."

아무 말도 나오지 않았다. 분명히 재미있게 읽었는데 할 말이 아무것도 떠오르지 않았다. 내가 제대로 말을 못 하자 선생님이 다시 말씀하셨다.

"영문이는 독서 기록장 안 쓰니? 혹시 책 지금도 가지고 있어? 읽으면서 마음에 와닿았던 구절이라도 얘기해 봐. 밑줄 쳐 놓거나 메모해 둔 것도 좋고."

없었다. 나는 그냥 읽기만 했다. 독서 기록장은 물론 밑줄도, 메모도 없다. 읽는 것도 질색했던 내가 뭔가 끄적거릴 생각을 절대 했을 리가 없지.

내가 계속 우물쭈물하자 아이들이 수군거리는 소리가 들렸다.

"뭐야? 진짜 읽고 있는 거 맞아?"

그때 오해인이 번쩍 손을 들고 말했다.

"선생님, 저도《안네의 일기》읽었어요. 발표해도 될까요?"

 그러고는 자기 독서 기록장을 펼쳐 들고 술술 얘기했다.
 "《안네의 일기》를 읽고 쓴 독서 기록인데요, 안네가 창밖으로 찬란한 햇빛과 푸른 하늘을 보면서, 살아서 이것을 볼 수 있으니 불행하지 않다고 썼던 게 오래 기억나요. 안네가 힘들고 답답한 상황에서 일기를 쓰며 버티는 걸 보고 글의 힘이 대단하다는 걸 느꼈고, 저도 꾸준히 글을 쓰면 좋겠다고 생각했습니다."

　나는 오해인의 발표를 들으며 새빨개진 얼굴로 고개를 푹 숙였다.
　'아, 나도 저 부분 읽었는데. 저런 생각도 했었는데…….'
　너무 속상해서 한숨만 나왔다.

―

 나는 리리를 찾아갈 수밖에 없었다. 독후감 대회에 나가 상을 타겠다고 해 놓고서, 지금 읽고 있는 그 책에 대해서 한마디 설명도 못하다니!
 "리리, 너무너무 부끄러워. 어떻게 해야 해?"
 부드러운 방석 위에 앉아 내 이야기를 듣고 있던 리리가 말했다.
 "영문아, 책을 읽다 보면 머릿속에 떠오르는 생각이나 느낌들이 있지?"
 "당연히 있지."
 "그럼 어떻게 해?"
 "어떻게 하긴. 그냥 그런가 보다 하는 거지."
 "봐, 그렇게 하면 다 흘러가 버리고 아무것도 남지 않아. 너의 소중한 생각이나 감정을 모두 잊어버리게 되는 거야."
 리리가 연보랏빛 리리에그를 건네주었다. 나는 리리에그의 메시지를 소리 내어 읽었다.

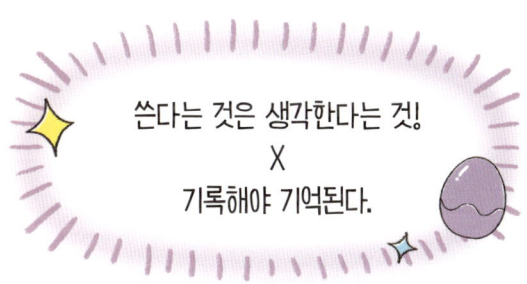

쓴다는 것은 생각한다는 것.
X
기록해야 기억된다.

 나는 젤리를 입에 넣고, 눈을 감았다. 입안에 씁쓸하고 짭짤한 맛이 감돌았다.
 '쓴다는 건 생각하는 거라고? 둘이 무슨 관계가 있지?'
 오늘따라 리리에그 젤리 맛이 유난히 쓰고 짜게 느껴졌다.
 문득 엄마가 만든 케이크와 레시피 노트가 떠올랐다. 엄마는 레시피 노트를 통해서 실수를 발견하고 고쳤다. 아빠는 수업 일지를 쓰며 더 나은 방향을 찾는다고 했다. 재훈이는 언제나 수업 시간 필기도 독서 기록도 열심히 한다. 해인이도 독서 기록장에 적어 놓은 것을 보며 《안네의 일기》에 대한 자기만의 감상을 발표했다. 모두 자기의 생각을 정리하고 기록으로 남기는 일을 열심히 하고 있다.
 리리가 내 귓가에 조그맣게 속삭였다.
 "영문아! 리리에그 메시지를 기억해. 기록은 기억보다 힘이 세."

—

눈을 떴다. 쉬는 시간이었다. 이제 곧 선생님이 나에게 《안네의 일기》에 대해 질문했던 수업이 시작될 참이었다.

나는 얼른 책을 꺼내 읽으면서 마음이 움직였던 부분을 찾아 밑줄을 쳤다. 그리고 떠오른 생각도 빈 곳에 메모해 두었다.

수업 시간에 선생님이 말씀하셨다.

"그럼 친구들에게 한번 소개해 볼까? 정말 재미있다면서? 인상 깊었던 장면이나 느낌, 읽으면서 생각났던 거 뭐든 좋으니 한번 말해 보자."

내가 말했다.

"어, 제가 가장 인상 깊었던 부분은요……."

나는 얼른 책상 서랍 속 《안네의 일기》를 꺼내 펼치고 아까 밑줄 친 곳을 읽었다.

"나는 내가 온몸을 바쳐서 할 일을 가지고 싶어. 내가 죽은 뒤에도 영원히 살아 있을 그런 일."

그리고 덧붙였다.

"여길 읽으면서, 안네는 그 꿈을 이루었구나! 하는 생각이 들었어요. 안네는 지금 세상에 없지만,《안네의 일기》는 살아남아 제가 읽고 있으니까요."

선생님이 활짝 웃으며 말씀하셨다.

"그래, 잘 정리해 두었구나. 생각을 그렇게 기록하는 것도 문해력을 키우는 데 꼭 필요한 일이란다."

나는 집에 돌아와서 책상 정리를 했다. 맨 앞장만 쓰고 뒤는 깨끗하게 텅 빈 공책들이 너무 많았다.

'나도 이제 좀 써 볼까? 뭔가를 쓰려면 생각도 더 열심히 해야겠지? 재훈이나 해인이처럼 독서 기록장도 만들고, 안네처럼 일기도 써야겠다. 오늘이 며칠이지? 자, '영문이의 일기' 시작이다!'

나는 노트를 펴고 오늘 있었던 일을 찬찬히 되돌아보며 일기를 써 내려갔다.

리리의 문해력 연구실 6

읽기 친구 쓰기, 쓰는 힘 키우기

글쓰기는 생각을 글로 표현하는 일이야. 글을 쓰면 생각을 정리하는 힘, 정확한 단어를 고르고 문장을 구성하는 힘, 글의 구조와 흐름을 이해하는 힘을 기를 수 있어.

그 모든 과정이 **문해력을 튼튼하게 키우는 연습**이 되지.

좋은 글에는 놀라운 힘이 있어. 사람들을 이어 주고, 문제를 해결하며, 생각을 바꾸기도 해. 꼼꼼한 기록은 후대에 역사와 본보기가 되지. 글은 나와 사회, 나아가 세상도 바꿀 힘이 있단다.

오늘 영문이가 들려준 이야기도 기록해야지. 나의 문해력 연구에 도움이 될 거야.

리리의 선물 - 문해력 쑥쑥 비법 4 작문력을 키우자

작문력이 높다는 건 글을 잘 쓴다는 뜻이야. 어떻게 하면 글을 잘 쓸 수 있을까? 먼저 내가 쓸 글의 종류를 생각해 봐. 그에 따라 글의 목적이 무엇인지, 어떤 내용으로, 어떤 점에 주의해서 쓸지 알아보자.

일기, 편지, 독후감, 생활문 등

목적: 감정 표현, 교류
소재: 감사, 격려, 축하, 환영, 사랑, 감동, 사과 등
주의점: 읽는 사람이 나의 감정을 느낄 수 있게. 구체적인 경험과 생각, 느낌을 담아서 생생하게 또는 솔직하게.

설명문, 안내문, 보고서 등

목적: 정보 전달
소재: 알려 줄 내용
주의점: 읽는 사람이 정보를 정확하고 알기 쉽게, 순서대로. 중요한 것과 덜 중요한 것을 구분해서.

논설문, 건의문, 제안서 등

목적: 주장과 설득
소재: 주장하는 내용
주의점: 읽는 사람이 동의할 수 있게. 적절한 주장과 그 주장을 뒷받침하는 근거를 서론-본론-결론 형식으로.

잘 쓴 글은 어떤 글일까? 읽는 사람이 흥미롭게 읽고, 내용을 잘 이해하며, 글쓴이에게 공감하고 동의하는 글이지. 글을 잘 쓰려면 많이 써 봐야 해. 또 많이 읽기도 해야 하고. 많이 읽어야 어떤 글이 잘 쓴 글인지 보는 눈이 생기거든. 한 편의 글을 완성하는 순서를 알아보자.

1 먼저, 내용을 떠올리고 구성을 짜 보자.

- 독자가 궁금할 만한 소재, 흥미로운 경험이나 이야깃거리를 떠올리기.
- 처음-중간-끝을 짜임새 있게 구성하기.

🖋 **리리의 팁!** 생각이 잘 안 날 땐, 막바로 쓰기보다 연습장에 끄적끄적 낙서해도 좋고, 개요를 먼저 짜도 좋아.

2 다음으로, 구성한 것을 구체적인 글로 표현해 봐.

- 풍부한 어휘를 사용하고, 문법에 맞게 정확하게 쓰기.
- 그림, 사진, 도표, 그래프, 기호 등으로 효과적으로 표현하기.

🖋 **리리의 팁!** 내가 겪은 일, 내 눈·코·입·귀·손으로 느낀 감각과 기분, 나만이 쓸 수 있는 걸 표현해. 그냥 '좋았다'보다는 '흐뭇했다, 짜릿했다, 웃음이 나왔다, 행복했다' 등 딱 맞는 낱말을 찾아.

3 마지막으로, 다 쓴 글을 다시 읽으며 고쳐 봐.

- 완성한 글에서 고쳐야 할 부분을 찾아서 바꿔 쓰기.
- 더 알맞은 단어로 바꿔 쓰거나, 맞춤법을 고치기.
- 글의 목적에 맞는지 살피고, 구성도 바꿔 보기.

🖋 **리리의 팁!** 다 쓴 글은 독자의 입장이 되어 읽어 봐. 이해하지 못하거나 오해할 내용은 없을지, 하고 싶은 말이 잘 전달됐는지 살펴봐.

 약속을
지키자

 이튿날, 나는 아침 일찍 학교에 갔다. 교실에는 아무도 없었다. 오늘 배울 교과서들을 사물함에서 미리 꺼내 서랍 속에 넣는데 뭔가가 손에 잡혔다.
 "뭐지?"
 꺼내 보니 편지가 든 봉투였다.
 "나한테 온 건가?"
 편지 봉투에는 보낸 사람도 받는 사람도 쓰여 있지 않았다. 편지를 펴 보았다.

너한테 편지가 꼭 말하고 시퍼서 쓴다

나는 여자에게 사기자고 고백을 한때가 한번도 업는데

너한테는 왜 때문에 그말은 한다

나를 너는 조아하는 거같다♡

'이게 무슨 말이지? 내 책상 서랍에 넣은 거면 나한테 보낸 편지 같긴 한데……'

나는 궁금했다.

'누구지? 나한테 보낸 거 맞나? 왜? 고백인가? 그런데, 나를 너는 조아하는 거 같다? 내가 자기를 좋아한다고?'

누가 쓴 것인지, 무슨 말인지 도무지 알 수가 없었다. 나는 더 이상 생각하지 않기로 했다.

'누구든 무슨 상관이야. 관심 없어. 내 마음이 문제지. 근데, 나도 한번 써 볼까? 고백 편지……'

난 연습장을 폈다. 만약에 고백 편지를 쓴다면 어떻게 쓸지 연습해 보고 싶었다.

너가 어떻게 생각할지 모르겠는대.

나는 너가 이럴지 몰랐어.

그때 너가 가리켜줄때 너무 멋있고

좀 가슴이 두근두근 설레엿어.

이 느낌이 좋아하는거라면 너는 좋은거 맡는거 같다.

그러고는 창밖을 멍하니 보다가, 깜빡 잠이 든 것 같다. 너무 일찍 일어나서 그랬나……:

갑자기 누가 옆에 있는 것 같아서 일어났는데, 구민탁이 내가 연습장에 쓴 편지를 보고 있었다.

"답장이냐? 고맙다!"

민딕이가 이렇게 말하며 내 연습장을 쓱 가져갔다.

"으악, 그거 가져와!"

나는 벌떡 일어나서 두 팔을 허우적거리며 소리쳤다. 구민탁은 자기 책상 서랍 속에 내 연습장을 집어넣었다. 아이들이 민탁이 자리에 모여들어서 뭐냐고 묻고, 꺼내 보라고 하고 난리가 났다. 재훈이까지 와서 민탁이를 힐끗거렸다.

나는 구민탁 책상 앞에 가서 말했다.

"구민탁! 내 연습장 내놔."

"왜?"

"그거 너한테 쓴 거 아니야."

"그래? 맞는 거 같은데? 내 편지에 대한 답장 아니야?"

"노노! 절대 아니야!"

나는 구민탁이 서랍에서 연습장을 꺼내자 휙 뺏었다. 그러다 그만 바닥에 떨어뜨리고 말았다.

하! 나는 열이 머리끝까지 났지만 꾹 참고 연습장을 주우려고 했다. 그런데 하필 옆에 있던 오해인이 내 연습장을 집어 들었다. 오해인은 연습장을 쓱 보더니 나에게 건네주며 귓속말했다.

"모영문, 이거 고백 편지야? 근데 어떡해? 이렇게 보냈다가는 빨간 줄만 죽죽 그어진 답장 받겠다. 틀린 글자에 띄어쓰기도 이상하고, 문법도 안 맞잖아."

뭐라고? 틀린 글자? 문법에 안 맞다고? 나는 너무 창피해서 머리털이 쭈뼛 서고 온몸의 털이 곤두서는 것 같았다. 하지만 아무렇지 않은 듯 조그맣게 말했다.

"무슨 상관이야. 그냥 내가 쓰고 싶은 대로 쓴 거야. 마음만 잘 전달되면 되잖아!"

그 말에 해인이가 한마디 더 했다.

"마음이 전달되기도 어렵겠는데? 누가 누굴 좋아한다는 건지도 잘 모르겠어. 이렇게 헷갈리게 쓰면 어떡해."

―

 하루종일 안절부절못하다 수업이 끝나자마자 연구소로 갔다.
 나는 리리에게 하소연했다.
 "리리! 진짜 자존심 상하고 부끄러워. 어떡하지? 제발 좀 도와줘. 리리에그가 필요해!"
 "무슨 일이래? 어디 한번 들어 보자."
 리리는 내 이야기를 들으면서 훙, 힝, 하, 여러 소리를 냈다. 나는 이야기를 마치고도 너무 창피해서 빨개진 얼굴을 두 손으로 가리고 있었다.
 리리가 말했다.
 "음, 확실히 너의 절실함이 느껴져. 구겨진 자존심을 회복하고 고백도 성공하려면 어떻게 해야 할지 잘 생각해 보길 바라."
 리리는 방석에서 벌떡 일어나서 하늘색 리리에그를 나에게 건네주었다.

나는 리리에그에 메시지가 나타나자마자 얼른 소리 내어 읽었다.

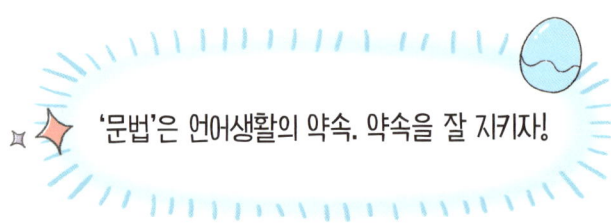

'문법'은 언어생활의 약속. 약속을 잘 지키자!

문법? 해인이는 내가 글자를 많이 틀렸다고 했다. 무슨 말인지 헷갈린다고도 했다. 그건 문법을 제대로 지키지 않아서 그런 거겠지? 구민탁이 쓴 것 같은 그 편지도 비슷했다. 내가 자기를 좋아한다는 건지, 자기가 나를 좋아한다는 건지? 완전히 다른 뜻인데 말이다.

'문법이 약속이라고? 그럼 그 약속을 지키지 않으면 오해와 문제가 생길 수도 있겠네. 어떻게 해야 할까? 사실 나는 문법을 너무 모르는데……'

하늘색 젤리에서는 어렴풋이 허브차 맛이 났다. 엄마가 쿠키랑 먹는 재스민차나 페퍼민트차 같은 화한 느낌에 정신이 번쩍 드는 것 같았다.

一

눈을 떴다. 오해인이 내 귀에 대고 귓속말했다.

"모영문, 이거 고백 편지야? 근데 어떡해? 이렇게 보냈다가는 빨간 줄만 죽죽 그어진 답장 받겠다. 틀린 글자에 띄어쓰기도 이상하고, 문법도 안 맞잖아."

"너 다 봤어?"

"어, 다 봤어. 난 좀 빨리 읽는 편이라."

나는 해인이에게 부탁했다.

"해인아, 그러면 나 좀 도와줄래?"

"응?"

나는 연습장을 들고 해인이와 화장실로 갔다.

막상 말을 꺼내려니 자존심이 상하고 부끄러웠다.

'윽, 창피해!'

나는 입술을 깨물었다. 하지만 틀린 걸 알면서도 내 맘대로 쓰는 건 더 부끄러운 일일지도 모른다.

나는 해인이에게 진지하게 말했다.

"해인아, 나도 문법을 잘 지키고 싶어. 문법은 언어생활의 약속이잖아. 근데 내가 잘 몰라서……."

오해인이 손바닥으로 허벅지를 탁 치며 말했다.

"오! 그렇지! 그것 참 맞는 말이다. 너 이제 좀 말이 통한다?"

해인이는 안경테를 치켜올리며 나에게 자기 생각을 늘어놓았다.

"문법은 사람들이 정확하게 소통하기 위해 만든 규칙이잖아. 난 문법도 법이라고 생각해. 반드시 지켜야지! 법도 그래. 많은 사람들이 함께 살아가기 위해서 꼭 지켜야 하는 규칙이지. 그래서 난 법이 정말 중요하다고 생각해."

해인이 말을 듣고 보니, 구구절절 맞는 말 같았다.

"그럼, 그럼. 해인아, 그 중요한 문법 좀 알려 줘. 내가 쓴 이 편지, 많이 틀렸어?"

"봐, 여기, 여기, 여기."

너네가 어떻케 생각할지 모르겠는대. 데,

나븐도 너내가 이럴지줄 몰랐어.

그때 너네가 가리켜줄때 가르쳐 줄 때 너무 멋있고

좀 가슴이 두근두근 설레엿어. 설렜어.
이 느낌이 좋아하는거라면 너는 네가 좋은거게 맞는 거 같다.

오해인이 틀린 부분을 하나하나 고쳐 주었다. 거침없이 척척 써 내려가는 모습이 멋있어 보였다.

"맞춤법, 띄어쓰기, 문장부호, 주어와 서술어의 호응, 주어와 목적어에 붙이는 조사들을 고친 거야. 진짜 고백할 거면 깨끗한 편지지에 다시 써야겠다. 근데 영문아, 너, 글씨가 참 예쁘다!"

휴, 이렇게나 틀린 게 많았다니! 민탁이 편지를 읽어도 무슨 말인지 잘 모르겠던데, 내 편지도 마찬가지였다.

"해인아, 넌 어떻게 이렇게 문법을 잘 알아?"

"나? 글쎄, 나는 그냥 책이나 교과서 볼 때 정확하고 꼼꼼하게 읽으려고 하는 편이야. 그리고 일기나 독서 기록장 쓸 때도 틀리는 거 싫어서 잘 모르겠는 건 꼬박꼬박 사전 찾아서 확인하기도 하고."

"그렇구나! 고맙다, 오해인. 그런데…… 난 네가 나를 싫어하는 줄 알았어."

"왜? 내 눈이 좀 매섭게 생겨서 오해받기도 하지만, 나 그렇게 까칠한 사람 아니야. 법처럼 누구에게나 공평하게 대하려고 노력할 뿐이란다."

오해인과 조금 가까워진 것 같았다. 이렇게 마음을 터놓고 이야기한 게 처음이었다.

교실로 들어가는데, 누가 나를 자꾸 힐긋거리는 게 느껴졌다. 구민탁이었다.

'아유, 민탁이 저 녀석!'

문법을 잘 모르는 건 물론이고, 고백하는 편지에 받는 사람도, 보내는 사람도 쓰지 않은 허술한 친구 민탁이……. 나는 내 모습을 보는 듯해서 민탁이도 부쩍 친근하게 느껴졌다.

리리의 문해력 연구실 7

문법은
지켜야 할 약속

문법은 말이나 글을 주고받을 때 지키기로 정한 규칙이야. 문법을 잘 알면 글을 더 정확하게 이해하고 제대로 표현할 수 있어. 그러니까 문법도 어휘력과 마찬가지로 **문해력의 바탕**이라 할 수 있지. 문해력을 키우려면 문법에도 관심을 가지고 잘 알기 위해 노력해야 해. 문법을 제대로 지키지 않으면 의사소통에 문제가 생기고, 오해가 일어나.

▶ 문장은 주어와 서술어를 비롯해 함께 쓰인 단어가 서로 잘 어울려야 해. 호응이 맞지 않으면 틀리거나 뜻이 이상한 문장이 돼.

▶ 맞춤법을 지키지 않으면 뜻을 제대로 전달할 수 없어.

▶ 우리말에는 웃어른에게 높임말을 쓰는 규칙이 있어. 지키지 않으면 예의가 없어 보여. 반대로 높임말을 쓰면, 존경하는 마음을 전할 수 있지.

▶ 띄어쓰기를 바르게 하지 않으면, 정확한 뜻을 전달하기 어려워. 읽는 이가 오해하거나, 뜻이 다른 말이 되기도 해.

아기가 오리를 흉내 내요.

리리의 선물 - 문해력 쑥쑥 비법 5 : 문장 성분을 익히자

여기서는 문장을 이해하는 데 가장 기본이 되는 문법 개념인 '문장 성분'을 알려 줄게.
문장 성분은 문장을 이루는 데 필요한 각각의 부분을 이르는 말이야.
문장에서 어떤 역할을 하는지에 따라 나뉘지.

1. 주요 성분

문장의 뼈대를 이루는 기본이야. 문장에서 꼭 필요해.

성분 이름	역할	문장 속 예시
주어	누가, 무엇이 :동작이나 상태의 주체가 되는 말	영문이가 빵을 먹는다.
서술어	어찌하다, 어떠하다, 무엇이다 :주어의 동작이나 상태, 성질을 설명하는 말	영문이가 빵을 먹는다.
목적어	무엇을, 누구를 :서술어 동작의 대상이 되는 말	영문이가 빵을 먹는다.
보어	무엇이 :'되다, 아니다' 앞에서 주어나 목적어를 보충하는 말	영문이가 4학년이 되었다.

2. 부속 성분

주요 성분을 꾸며 주는 역할을 해. 없어도 문장은 되지만 있으면 더 정확한 표현이 돼.

성분 이름	역할	문장 속 예시
관형어	어떤, 무슨 :주어, 목적어, 보어를 꾸미는 말	예쁜 꽃이 피었다.
부사어	어떻게, 언제, 얼마나 등 :서술어나 관형어, 다른 부사어, 문장 전체를 꾸미는 말	예쁜 꽃이 활짝 피었다.

3. 독립 성분

다른 문장 성분과 직접적인 관련이 없는 부분이야.

성분 이름	역할	문장 속 예시
독립어	부름, 감탄	와! 정말 고마워! 엄마, 다녀올게요.

문장 성분을 잘 알면 문장의 구조를 빨리 파악할 수 있어.
그래서 어디가 중요한 부분인지 중심 뜻을 찾기 쉬워.
긴 문장이나 어려운 글을 읽을 때도 각 문장에서 '누가 무엇을 하는지'
잘 찾으면 문장 사이의 관계나 흐름을 잘 알 수 있어.
게다가 글을 쓸 때도 뜻이 엉기지 않게 정확하게 표현할 수 있단다.
문장 성분을 잘 익히면 문해력을 키우는 데 든든한 힘이 될 거야!

 나를 만나자!

독후감 대회 날이 왔다.

나는 《안네의 일기》 중간중간에 밑줄 친 부분을 다시 넘겨 보고, 감상을 기록해 놓은 노트도 읽으며 책에 대한 기억을 되살려 보았다. 그런데 막상 독후감 대회 시간이 되자, 나는 종이를 앞에 놓고 눈만 끔벅거리고 있었다. 빈 종이에 그어진 줄이 막 흐물흐물해지면서 어떻게 할지 아득하기만 했다.

그때 재훈이가 내 팔꿈치를 툭 치면서 속삭였다.

"영문아, 왜 안 써?"

선생님이 내 쪽을 보며 크게 말씀하셨다.

"독후감은 책 읽은 느낌을 쓰는 글이다. 솔직하게 감상을 적으면 돼."

나는 혼잣말을 중얼거렸다.

"내 느낌은…… 그냥 좋은데……. 뭐라고 쓰지?"

나는 무엇을 어떻게 써야 할지 아무것도 떠오르지 않았다. 그저 멍해졌다.

재훈이가 또 옆에서 소곤소곤 말했다.

"영문아, 난 《파브르 곤충기》를 읽었어."

"응."

알고 있었다. 천재훈은 쉬는 시간마다 곤충 그림이 있는 책을 꺼내서 읽고, 가끔 수첩에 막 베껴 쓰기까지 했으니까.

"난 파브르 선생님께 편지를 써 볼까 생각 중이야."

"뭐? 그것도 독후감이야?"

"응. 책을 읽은 느낌을 담으면 되니까. 독후감 쓰기가 어려우면 너도 그렇게 써 봐."

안네에게 편지를? 그렇게 생각하니까 할 말이 조금 떠오르는 것 같았다.

나는 일단 시작했다.

안네 언니에게,

안녕? 언니 일기장을 읽어서 그런지 친해진 기분이야.

내 이름은 모영문이고 11살이야. 언니는 13살이니까 언니라고 할게.

리리에그 메시지를 보고 서점에서 이 책을 처음 만났던 때가 기억났다.

'단발머리에 눈이 큰 여자아이 얼굴이 내 시선을 사로잡았지. 그 표지가 안네 언니와의 첫 만남이었어.'

그때는 책이 마치 나에게 말을 걸어오는 것 같은 느낌이었다. 꼭 나를 기다리고 있었던 것처럼. 그래서였을까? 이 책이라면 나와 친한 친구가 될 수 있을 것만 같았다. 그 순간이 떠오르자 하고 싶은 말이 술술 나왔다.

독후감으로 안네 언니에게 보내는 편지를 쓰다 보니, 어느새 한 장이 꽉 찼다.

문해초등학교 49회 독후감 대회

안네 언니에게,

안녕? 언니 일기장을 읽어서 그런지 친해진 기분이야.

내 이름은 모영문이고 11살이야. 언니는 13살이니까 언니라고 할게.

언니 일기를 읽고 난 언니를 좋아할 수밖에 없었어. 언니가 밥 먹을 때 말을 안 하고 혼자 마음속으로 이야기하기로 했다고 그랬잖아. 정말 나랑 똑같다고 생각했어. 언니는 엄마랑 달라서 부딪치고, 힘들어했잖아? 나도 요새 아빠랑 그래. 언니 엄마가 하던 말 있지? "안네야, 너 XX를 알고 있니? 마르고트야, XX를 적어 둬라." 우리 아빠가 딱 나한테 하는 말이야. "영문아, 너 책 좀 읽고 있니? 영문아, 필기 좀 열심히 해라."

그런데 언니는 매일 글을 쓰고 책을 읽더라. 영어, 수학, 역사, 프랑스어 공부도 하고. 나라면 은신처에 숨어 살면서 공부까진 하지 못했을 거야. 어떻게 그럴 수 있었어?

일기가 끝나고, 맨 마지막 장에 언니 가족들이 죽은 부분을 읽을 때는 슬프고 무서웠어. 다시 맨 앞에 있는 언니 사진을 보았어. 가슴이 철렁하고 아팠어. 나와 비슷한 나이인데 숨어서 살고, 나중에 수용소에서 죽임을 당하다니!

키티 사진도 봤어. 체크무늬 표지가 꼭 중학교 교복 같더라. 만 13살이 되면 나도 중학교에 가겠지? 그때쯤이면 나도 언니처럼 글을 잘 쓰게 될까? 꼭 그러고 싶어. 알게 되어 기뻤어. 그곳에서 행복하길!

20△△년 대한민국에서 모영문이.

종이 울렸고, 선생님이 독후감을 제출하라고 하셨다.

 연필을 꽉 쥐었던 손을 펴는데, 내가 이도 꽉 물고 있었다는 걸 깨달았다. 독후감을 선생님께 내고 와서, 나는 입도 크게 벌려 보고 손도 쫙 펴 보았다. 뭔가를 쓰고 나서, 이렇게 뿌듯했던 적이 있었나? 시간이 어떻게 지나갔는지 모를 정도로 나는 글쓰기에 푹 빠졌던 것 같다.

 나 다음에 독후감을 내고 온 오해인이 지나가면서 어깨를 툭 치며 말했다.

 "모영문, 《안네의 일기》가 그렇게 재밌었어?"

 "뭐야? 내 독후감 봤어?"

 "아니, 꽤 길게 썼길래. 난 짜내고 짜내서 반 장 좀 넘겼거든."

 "힘들었겠다."

 나는 짜내는 그 마음을 너무 잘 알기에 그렇게 말했다.

 "그건 그래."

 해인이가 날 보고 고개를 끄덕였다.

―

며칠 후, 기다리던 독후감 대회 결과가 발표되는 날이었다. 선생님이 상장을 들고 와서 말씀하셨다.

"이번에는 굉장히 잘 쓴 독후감이 많아서 심사가 어려웠다. 물론 책 내용만 쓴 친구도 있고, 또 느낌만 쓴 친구도 있었지. 그중 우리 반 수상작이 남달리 훌륭했던 점은 읽을 사람을 생각했다는 것이다. 그 책을 안 읽은 친구에게 책과 작가를 소개하고, 왜 좋았는지, 어떤 것을 느꼈는지 자기의 솔직한 생각과 느낌을 담아 쓴 독후감이었어. 심사 위원 만장일치로 우수상으로 선정했다."

아이들이 여기저기서 "오!", "우아!" 감탄했다.

"수상자는……."

선생님은 말끝을 올리며 기대에 찬 눈빛으로 반 전체를 둘러보았다. 아이들은 책상을 두드리며 '두구두구' 입으로 소리를 냈다. 나도 웃으며 책상을 두드렸지만, 가슴이 두근두근 떨려 왔다.

'설마, 어쩌면 내가…… 혹시……. 아니, 아닐 거야.'

속으로 아니라고 생각하면서도, 살짝 마음이 들떴다.

선생님이 크게 외쳤다.

"천! 재! 훈! 모두 박수! 수상자에게 심심한 축하를 보낸다!"

반 전체가 재훈이에게 박수를 쳐 주었다.

"심심한 축하? 박수 치는 애들이 심심해 보이지는 않는데?"

구민탁이 중얼거렸다. '심심한'이 그런 뜻이 아니라는 걸 나는 이제 안다.

재훈이를 보니, 벌게진 얼굴로 좌우로 인사를 하고 있었다. 재훈이는 머리를 긁적이며 쑥스러워했다. 상을 받는 게 처음도 아닐 텐데 말이다.

나는 실망했다. 역시, 나에게 상장은 무리였나? 그런데 재훈이가 하는 말을 듣고, 나는 기분이 좀 상했다.

"미안해. 나는 이번 독후감 대회에서 네가 꼭 상을 타길 바랐는데……."

"괜찮아. 너도 파브르한테 편지를 쓰고, 나도 안네한테 편지를 써서 좀 겹친 거 같아. 내가 네 말을 듣고 따라 한 거니까, 내 잘못이지, 뭐."

"아, 나는 파브르 선생님께 편지를 쓰려다가 생각을 바꿨어. 이 책을 안 읽은 친구에게 하고 싶은 말이 더 많이 생각

났거든."

"그래? 그렇구나."

 나한테는 안네에게 편지를 써 보라고 하고서는, 정작 자신은 안 읽은 친구에게 하고 싶은 말을 썼다고? 내가 상을 못 받은 것이 재훈이 잘못은 아니다. 재훈이가 알려 준 대로 한 건 나였다. 그리고 재훈이 말대로, 안네에게 편지를 쓰니까 글이 술술 풀린 것도 사실이었다. 하지만 왠지 그러지 않았다면 어땠을까, 재훈이 말을 듣지 말 걸 그랬나 하는 후회도 되었다.

"암튼 미안해. 이번 독후감 대회 상장은 너한테 양보하고 싶었는데……."

"천재훈, 뭘 자꾸 미안하다 그래? 네가 미안할 일이 아니잖아. 그리고 이게 양보가 되는 일이야? 그만해!"

덜컥 짜증을 내고 말았다. 상을 못 받은 아쉬움과 섭섭함을 괜히 엉뚱한 데다 쏟아낸 거다. 천재훈에게 무슨 잘못이 있다고…….

재훈이는 집에 갈 때까지 나에게 말을 걸지 않았다. 나도 미안해서 재훈이 얼굴을 볼 수가 없었다. 답답했다. 하…….

―

수업이 끝나자마자 당장 연구소로 달려가려고 했는데, 엄마가 교문 앞에서 손을 흔들며 나를 보고 웃고 있었다.

"엄마! 웬일이야?"

"제빵 재료 사서 가는 길인데 마침 하교 시간이라 집에 같이 가려고 기다렸지."

"응."

엄마가 기대에 찬 눈빛으로 물었다.

"어떻게 됐어? 독후감 대회 발표 났지? 상 받는 게 쉬운 일은 아니지? 괜찮아, 괜찮아."

내가 입을 다물고 한숨을 쉬자, 엄마가 날 보다가 헛기침했다.

"영문아! 그까짓 상장, 종이 쪼가리가 뭐라니? 그런 거 없어도 괜찮다!"

나는 아무 말 없이 걸었다. 집에 가서도 멍하니 앉아 있었다. 답답해서 창문을 열었더니 엄마 빵 냄새가 솔솔 올라왔다.

문 열리는 소리가 나고 쿵쿵거리는 발소리가 들렸다. 아빠였다. 벌컥! 내 방문이 열리고 아빠가 물었다.

"영문아, 어떻게 됐냐? 독후감 대회!"

나는 아무렇지 않은 척 가볍게, 상을 못 받았다고 말하려 했는데, 득달같이 엄마가 와서 쏘아붙였다.

"여보! 상장 타령 좀 그만해!"

엄마 말을 듣더니 아빠가 내 방문을 닫고 나갔다. 그러고는 엄마에게 나지막이 말했다.

"아니, 왜 나한테 화를 내?"

감정을 억누르는 듯했지만 목소리에 짜증이 묻어났다.

나는 참지 못하고 방에서 나와 일부러 문을 쾅 닫고, 밖으로 나와 버렸다. 얼른 연구소로 가서 리리를 만나고 싶었다.

뒤에서 어디 가냐고 소리쳐 묻는 엄마에게 문자만 남겼다.

"바람 좀 쐬고 올게요."

—

"리리, 나 뭔가 인생이 꼬인 느낌이야. 머릿속이 엄청나게 혼란스러워."

나는 리리를 만나자마자 오늘 있었던 이야기를 막 털어놓았다.

"어떡하지? 천재훈한테도 그렇고, 엄마 아빠한테도 못되게 굴었어. 진짜 그럴 생각은 없었는데."

리리는 두 날개를 팔짱 끼듯 하고 묵묵히 들었다.

"진짜 나 어떡해? 독후감 대회 준비하면서 문해력이 좀 나아진 것 같아 뿌듯했는데, 상을 못 받으니 뭔가 다 실패하고 엉망이 된 느낌이야. 괜히 주변 사람들에게 짜증이나 내고……."

리리가 말했다.

"그렇지 않아, 영문아. 너는 아주 잘해 왔어. 문해력을 키우려고 노력하는 모습이 얼마나 보기 좋았다고. 자, 너에게 주는 마지막 리리에그야."

리리가 예쁜 상자를 건네주었다. 안에는 그동안 받았던 다섯 개의 리리에그와 함께 마지막이 될 핑크빛 리리에그가 들어 있었다.

"그동안 받은 메시지들을 잘 간직하고 꾸준히 읽고 써 봐. 문해력을 키우면 키울수록 더 행복하고 즐겁게 생활할 수 있을 거야!"

"아, 벌써……."

처음에 리리가 약속했던 리리에그 여섯 개가 마침내 다 채워졌다.

내가 리리에게 할 수 있는 말은 단 하나였다. 더 이상 다른 말은 생각나지 않았다.

"리리, 고마워. 정말 고마웠어."

나는 마지막 핑크빛 리리에그를 소중히 들고 메시지를 읽었다.

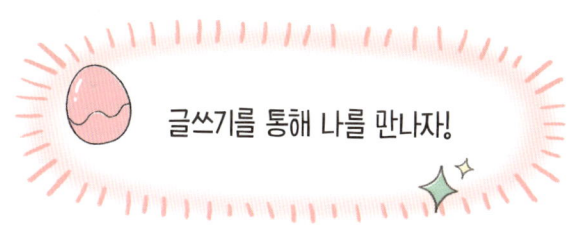

글쓰기를 통해 나를 만나자!

　눈을 감고 복숭아 맛 젤리를 천천히 먹으며 생각했다.
　'아! 이 메시지가 정말 마음에 들어. 책 읽기, 글쓰기를 통해 안네를 만났지만, 진짜 마주하고 더 깊이 알게 된 건 바로 나인 것 같아.'
　정말 그랬다. 안네와 비슷하게 방에 틀어박혀서 엄마 아빠가 이러쿵저러쿵 말하는 소리를 듣기 싫어했던 나. 재훈이에게 계속 관심이 가고 신경이 쓰이는 나. 문해력을 키우려고 노력하는 동안 스스로에 대해서 더 많이 생각하게 된 나. 또 더 많은 책을 읽고 경험해 보고 싶어진 나! 예전에는 글이라는 걸 정말 읽기도 쓰기도 싫어했지만 이제 나는 달라졌다. 내가 책을 읽고 어떤 생각을 할지, 어떤 글을 쓰게 될지 스스로 기대되고 궁금했다.

나는 눈을 떴다. 교실에 가득하던 박수 소리가 잦아들고, 내 옆에는 얼굴이 새빨개진 재훈이가 있었다.

재훈이가 말했다.

"미안해. 나는 이번 독후감 대회에서 네가 꼭 상을 타길 바랐는데……."

그렇지. 재훈이가 이렇게 말한 것은 내가 얼마나 독후감 대회에서 상을 받고 싶어 했는지 알았기 때문이다.

"괜찮아. 대회를 준비하고 독후감을 쓰면서 안네는 물론이고 나를 새롭게 만난 것 같아서 좋았어. 물론 상을 받았다면 더 좋았겠지만."

그리고 재훈이에게 꼭 해야 할 말도 덧붙였다.

"재훈아, 네 덕분에 독후감 대회를 준비할 수 있었어. 책 골라서 읽고 독후감 완성하기까지 많이 도와줘서 정말 고마워."

마치고 나오는 길, 역시나 교문 앞에서 엄마가 손을 흔들었다.

"어떻게 됐어? 독후감 대회 발표 났지? 상 받는 게 쉬운 일은 아니지? 괜찮아, 괜찮아."

엄마가 내 얼굴을 살피며 말했다. 상장보다 내 마음을 더 신경 쓰는 엄마. 나는 새삼 엄마가 고마웠다.

"응, 상장 못 탔어. 근데 엄마, 고마워!"

"뭐?"

엄마가 놀란 얼굴로 나를 보았다. 나는 종종걸음으로 집으로 향했다. 모모베이커리 빵 냄새가 폴폴 나는 방에 앉아서 기다렸다. 곧 있으면 아빠가 쿵쿵거리며 들어와서 벌컥 내 방문을 열 참이었다.

아빠가 오자마자 내가 먼저 방문을 열고 나가 말했다.

"아빠! 이번 독후감 대회는 패스! 하지만 뭐든 또 도전할 거니까 기대해 주세요."

아빠는 뭐라 말할 듯 입을 열었다가 가만히 고개를 끄덕였다.

나는 일기장을 폈다. 키티를 펼치는 안네처럼. 그러고는 오늘 폭풍처럼 휘몰아친 나의 감정과 생각들을 하나씩 정리하며 써 내려갔다. 물론 이제는 작별한 비밀 요원 리리와의 특별한 추억까지도!

리리의 문해력 연구실 8

글쓰기는 즐거워!

글쓰기는 곧 나를 만나는 일이야!

내가 쓴 글에는 내가 본 것, 배운 것, 느낀 것, 생각한 것 등 내 삶이 담겨. 거울에 얼굴을 비춰 보듯이 내 머릿속을 직접 볼 수 없지만, 글을 쓰면 내 생각과 감정들을 꺼내 볼 수 있어.

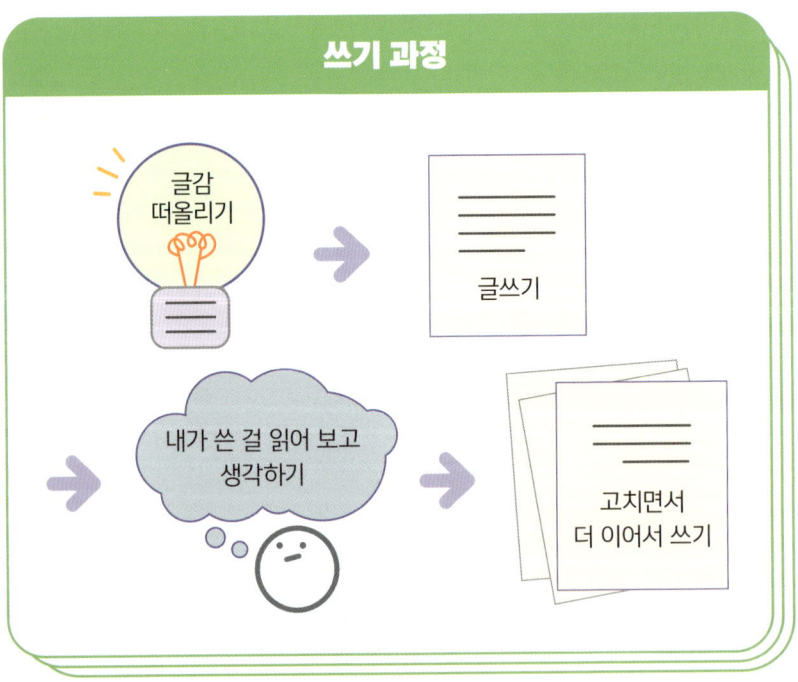

일기, 편지, 독후감 등 쓰기를 자주 하는 친구들은 자신의 하루, 하고 싶은 말, 책 내용, 느낀 점 등을 많이 생각하게 돼. 또 처음에는 내 생각을 잘 몰랐는데, 글을 계속 쓰다 보면 '아, 내가 그때 속상했구나.', '아, 나는 바다 생물이 궁금하고 더 알고 싶구나!' 하고 **자신에 대해서 깨닫고 발견하게 되기도 해.**

나를 잘 안다는 건 더 행복하게 살 수 있다는 뜻이지! 내가 뭘 좋아하고 싫어하는지, 뭘 하고 싶은지 분명하게 알게 되니까.

리리의 선물 – 문해력 쑥쑥 비법 6 즐겁게 쓰자!

글쓰기가 즐거워지는 방법을 몇 가지 알려 줄게.
많이 읽으면서, 쓰기도 많이 해 봐.
어느새 문해력이 쑥쑥 자라 있을 거야!

말하듯이 쓰기

잘 쓰고 싶지만 한 글자도 못 쓰는 경우도 있지?
생각이 안 나서 어려울 때는, "엄마, 오늘 숙제는
~예요. 그런데 ……." 하고 말하듯이 써 봐.

그림 그리듯이 쓰기

모양, 색깔, 전체적인 모습,
자세히 보면 보이는 작은 것들 등
그림 그리듯 표현해 봐. 옆에 그림을
그려 놓고 글을 쓰는 것도 좋지!

오감을 이용해 쓰기

본 것, 맛본 것, 들은 것, 냄새 맡은 것,
만져 본 것을 써. 내가 직접 느껴 본
것이어서 생생하게 표현할 수 있어.
생활문, 기행문, 관찰 기록문 같은 글에 활용해 봐!

예전에 쓴 글 들춰 보기

유치원 때, 1학년 때 쓴 글을 보면,
그때 일이 생각나. 과거의 내가 쓴 글을
읽고 웃음을 터뜨릴 수도 있어.

다른 사물, 사람이 돼서 쓰기

벽시계, 운동화, 필통은 무엇을 보고 무슨 생각을 할까? 내가 아닌 다른 사물이나 사람이 되어 새로운 상상을 해 봐.

미래의 나에게 편지 쓰기

글 속에서 타임머신을 타고, 과거, 현재, 미래와 만나! 10년 뒤 내가 궁금해? 글 속에서 만나 보는 거야! 혹은 미래의 내가 돼서 지금의 나에게 편지를 써 봐!

쓰고 싶은 공책, 연필 고르기

마음에 드는 문구를 고르고, 일기장 꾸미는 시간을 가져 보는 건 어때? 스티커를 붙이기도 하고, 색연필로 그림을 그리는 것도 재미있어.

내 마음대로 쓰기

내가 원하는 장소에서, 원하는 시간을 정해. 내 마음대로 좋은 것, 싫은 것, 바라는 것, 하고 싶은 것, 힘든 것, 좋아하는 단어, 사람, 음식, 장소 등을 자유롭게 써 보는 거야.

작가의 말

문해력의 재미를 알아가는
멋진 친구들에게

　우주여행, 정글 탐험, 마법 학교 입학. 이 중 가장 해 보고 싶은 게 뭐예요? 다 하고 싶다고요? 지금 당장 할 수 있는 좋은 방법이 있어요. 그건 바로 책을 읽는 거예요! 책에 있는 글자들은 하나씩 모여 낱말이 되고, 문장이 되고, 문단이 돼서 우리 머릿속에 글이라는 건축물을 만들고 놀라운 세계를 창조해요. 책 속에서 우리는 사막과 바다, 우주를 탐험하고, 넓은 세상을 경험할 수 있어요. 거꾸로도 가능해요. 우리의 상상력으로 생생하고 신기한 사물과 사람, 공간을 만들어 내는 방법은, 바로 글을 쓰는 거예요. 이 책은 이렇게 마법처럼 놀라운 힘을 지닌 '책 읽기'와 '글쓰기'를 우리 같이 좋아하자고 말하려고 썼어요.

　"책 읽기와 글쓰기, 그건 학교에서 하는걸요?" 이렇게 말하는 친구들이 있을 거예요. 맞아요. 학교 공부에는 책 읽기와 글쓰기를 통해 문해력을 키우는 과정도 포함되어 있지요. 왜냐하면 문해력은 우리가 사회생활을 하고, 당당하게 시민으로서 살아가는 데 꼭 필요하기 때문이에요.

　그런데 요즘 스마트폰과 인터넷, 디지털 매체에 빠져 긴 글을 읽지 못하고, 읽어도 이해하지 못하는 어린이들이 많아요. 어휘력이 부족해서 낱말 뜻을 모르고, 교과서 내용도 이해하지 못해서 좋은 성적은커녕 수업에 흥미를 느끼기도 어렵지요. 어른이 되면, 많은 분야에서 문해력을 발휘해서 일하며 살아갈 텐데, 문해력이 부족하면 안 되겠지요?

    문해력은 생각하는 힘을 길러 주고, 사람들과 소통하면서 멋있고 행복한 사람이 될 수 있게 해 줘요. 그럼 이렇게 중요한 문해력을 기르기 위해서 어떻게 해야 할까요? 피나는 노력을 하며 하루 종일 공부만 해야 할까요? 아니에요. 이 책을 읽은 친구들은 그 방법이 뭔지 알 거예요.

    흥미가 생기는 책을 골라서 읽기! 그리고 그 책을 왜 읽었는지, 어떤 내용인지, 무엇이 재미있었는지에 대해서 글쓰기! 문해력을 기르는 가장 재미있고 쉬운 방법이 바로 책을 읽고 글을 쓰는 거랍니다. 그러다 보면 문해력이 뛰어난 사람으로 자랄 수 있을 거예요. 문해력이 높으면 여러 일을 척척 해낼 수 있을 뿐만 아니라 다른 사람들의 말을 쏙쏙 알아듣고, 어떤 상황에서도 꼭 맞는 정확한 말과 글을 쓸 수 있답니다. 누가 봐도 지혜롭고 멋있는 사람이지요.

    좋은 책을 읽고, 나만의 글을 써 보세요. 그러면 문해력이 우리에게 멋진 사람이 될 힘을 주고, 우리 생활은 충실한 기쁨으로 채워질 거예요.

2025년 12월,
왕벚나무 아래 벤치에서 만나길 바라며

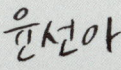

잔소리탈출연구소 ❸ 문해력 재미를 잡아라

초판 1쇄 발행 2025년 12월 8일

지은이 윤선아 그린이 김잔디
발행인 김형보
편집 최윤경, 강태영, 임재희, 홍민기, 강민영, 박지연, 김아영
마케팅 이연실, 김보미, 김민경, 고가빈 **디자인** 김지은, 박현민 **경영지원** 최윤영, 유현

발행처 어크로스출판그룹(주)
출판신고 2018년 12월 20일 제 2018-000339호
주소 서울시 마포구 동교로 109-6
전화 070-5080-4160(편집) 070-8724-5194(영업) **팩스** 02-6085-7676
이메일 across@acrossbook.com **홈페이지** www.acrossbook.com

ⓒ 윤선아, 김잔디, 쓰튜디오 2025

ISBN 979-11-6774-255-1 (73810)

· 잘못된 책은 구입처에서 교환해 드립니다.
· 이 책은 저작권법에 따라 보호를 받는 저작물이므로 무단 전재와 무단 복제를 금지하며,
  이 책의 전부 또는 일부를 이용하려면 반드시 저작권자와 어크로스출판그룹(주)의 서면 동의를 받아야 합니다.

 제조자명 어크로스출판그룹(주) **제조국명** 대한민국 **사용연령** 8세 이상 **제조연월** 2025년 12월
주의 종이에 손이 베이거나 모서리에 다치지 않게 주의하세요.
KC 마크는 이 제품이 공통안전기준에 적합하였음을 의미합니다.

만든 사람들
기획 및 편집 쓰튜디오 디자인 박진희

  * 어크로스주니어는 어크로스출판그룹(주)의 어린이책 브랜드입니다.